Weihnachten

Die schönsten Bastelideen
für Groß & Klein

christophorus

Inhalt

Vorwort

Zu diesem Buch

In ihrer Vorfreude sind Kinder den großen Ereignissen immer ein paar Schritte voraus. Lange bevor sich der Weihnachtsmann tatsächlich einstellt (zwar ungesehen, doch nachträglich durch Geschenke und Festlichkeiten wohl dokumentiert), will er begrüßt werden: mit fröhlichen, verspielten und kindgerechten Basteleien und Dekorationen, in denen natürlich all die beliebten weihnachtlichen Figuren auftreten, von Sternchen, Rentieren und Wichteln bis zum Engel und Nikolaus. Und natürlich darf auch der Schneemann nicht fehlen.

So finden Sie in diesem Buch viel spannendes und dekoratives „Bastelfutter" für die Advents- und Weihnachtszeit. Die Basteleien kommen in der Regel mit den gängigen und preisgünstigen Materialien aus: Papier und Karton, Filz und Farben. Vieles davon findet sich bereits in der Bastelkiste, alles andere ist leicht zu beschaffen.

Beim gemeinsamen Basteln in der Familie, im Kindergarten und in der Grundschule sind schon Kinder im Vorschulalter eifrig dabei; größere Kinder schaffen vieles schon selbst. Das macht doppelt Spaß, denn zur Freude am Basteln tritt der Stolz auf das gelungene Werk – und auf den eigenen wichtigen Beitrag beim festlichen Dekorieren.

In diesem Sinne wünschen Autoren und Redaktion Ihnen und Ihren Kindern viel Spaß und eine fröhliche Bastelzeit!

Zapfenwichtel

Material

- 1 Rindenscheibe oval, 25 cm
- 3 Kiefernzapfen, ca. 8 cm hoch
- 3 Wattekugeln, Ø 3,5 cm
- 3 Pompons in Weiß, Ø 1,5 cm
- 3 Holzperlen in Rot, Ø 6 mm
- Papier-Deko-Draht in Weiß
- Filz, dünn, in Rot und Weiß
- Deckfarben in Weiß und Beige
- Buntstift in Rot und Rosa
- Filzstift in Schwarz
- Pinsel
- Zange
- Heißkleber
- Klebstoff
- Schere
- Pauspapier

1 Mit einer Zange die Spitzen der Kiefernzapfen abbrechen. Eine Mulde soll entstehen.

2 Die Halskrausen auf weißen Filz, die Mützen auf roten Filz pausen und ausschneiden. Die Mützen zur Tüte formen und zusammenkleben.

3 Die Wattekugeln in einer Mischung aus Weiß und Beige bemalen und trocknen lassen. Gesichter aufmalen und Perlennasen aufkleben. Pompons auf die Mützenspitzen kleben. Mützenränder an einer Stelle nach innen biegen und auf die Köpfe kleben.

4 Je zwei Halskrausen übereinanderlegen, in die Mulden der Kiefernzapfen kleben und obendrauf die Köpfe.

5 Mit dem Papier-Deko-Draht „Arme" formen und um die Zapfen drücken.

6 Zuletzt mit dem Heißkleber die drei Zwerglein auf die Rindenscheibe kleben.

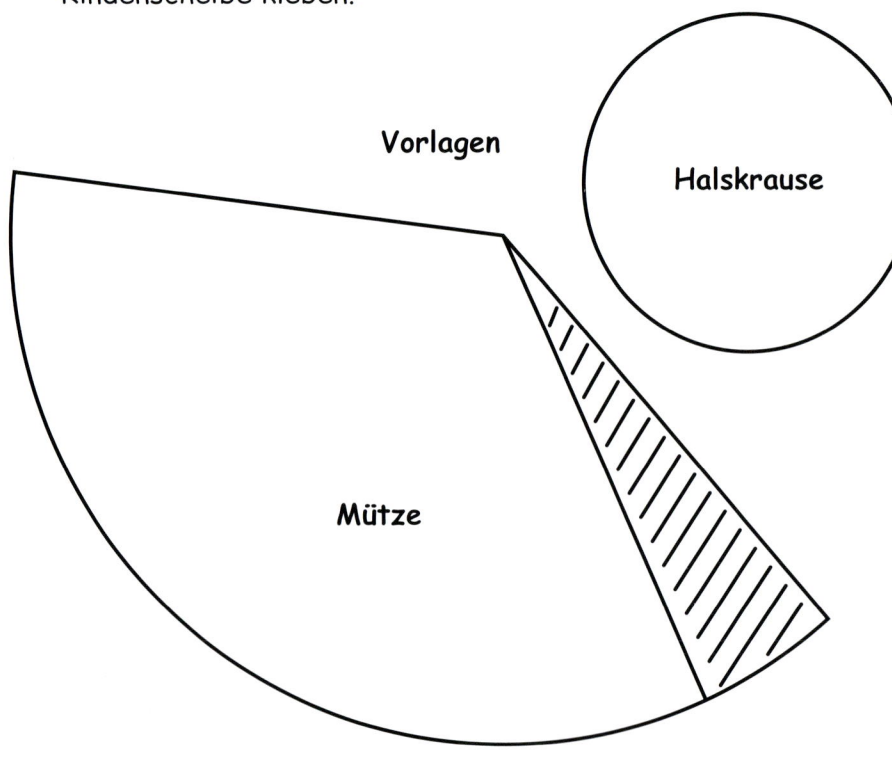

Vorlagen

Halskrause

Mütze

Apfel-Nikolaus

Material

- 1 Wattekugel, Ø 4 cm
- Papier-Deko-Draht in Weiß
- Deckfarben in Weiß, Schwarz, Rot und Gelb
- Goldpapierfolie
- Filz, dünn, in Weiß
- Filz, dick, in Rot
- Tonpapier in Rot
- Nadel
- Garn in Rot
- Zahnstocher
- Watte
- 1 roter Apfel
- Schere
- Klebstoff
- Pauspapier

Vorlage 1
Seite 97

1 Wattekugel mit einer Mischung aus weißer und etwas roter und gelber Deckfarbe bemalen. Alles trocknen lassen, dann Augen und Nase aufmalen.

2 Den Stern auf roten Filz, die „Schürze" auf weißen Filz und die Mütze und das Kreuz auf Goldpapier pausen und ausschneiden.

3 Schürze mit rotem Garn im Schlingenstich säumen (siehe Bild unten links).

4 Den roten Tonpapierring für den Hals biegen und zusammenkleben. Die Mütze ebenfalls biegen und an der Klebefläche fixieren.

5 Bart und Mütze auf den Kopf kleben, Zahnstocher in die Wattekugel stecken.

6 Kreuz auf die Schürze kleben und mittig über den Apfel legen. Den roten Tonpapierring für den Hals draufsetzen und den Kopf mit dem Zahnstocher mittig einstecken.

7 Den Nikolausstab oben ausformen, mit dem unteren Ende durch den Filz stecken und umbiegen (siehe Bild unten rechts). Nikolaus draufstellen.

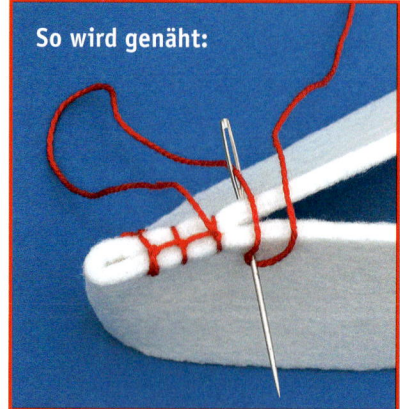

So wird genäht:

Standfläche mit Nikolausstab

Serviettenringe

Material

- Papier-Deko-Draht in Weiß
- Tonpapier in Orange, Dunkelbraun
- Musterpapier kariert in Blau
- Filzstift in Schwarz
- Buntstift in Rot
- Bürolocher
- Schreibpapier in Weiß
- Schere
- Klebstoff
- Cutter
- Pauspapier

Vorlage 2
Seite 111

1 Rentier auf orangenes Tonpapier, Ohrinneres auf braunes Tonpapier und Schal auf karierten Musterkarton pausen und ausschneiden.

2 Gesicht aufmalen, Augen mit Bürolocher ausstanzen, aufkleben und Pupillen aufmalen.

3 Ohrinneres und Schal aufkleben.

4 Mit dem Cutter ganz leicht Faltlinien einritzen, falten und auf der Rückseite Klebefläche an den Rücken kleben.

5 Geweih aus Deko-Draht (ca. 25 cm lang) formen und auf der Rückseite vom Kopf festkleben. Die Spitzen vom Geweih nach vorne biegen, Serviette einschieben.

Bärenlaterne

Material

- Tonpapier in Rot, Weiß, Gelb
- Tonkarton in Hellbraun
- Transparentpapier in Hellbraun
- Filzstift in Schwarz
- Buntstift in Rosa, Weiß
- Deckweiß
- Pinsel
- Schere
- Klebstoff
- Pauspapier

Vorlage 3
Seite 99

1 Die Bärenreihe auf hellbraunen Tonkarton, die Mütze auf rotes Tonpapier, Mützenbesatz, Bommel und Schneerand auf weißes und Handschuhe und Schal auf gelbes Tonpapier pausen. Dann alles ausschneiden.

2 Die Bärenbäuche ausschneiden und mit dem farbigen Transparentpapier hinterkleben.

3 Gesichter aufmalen und Mützen hinter die Köpfe kleben. Mützenbesatz von beiden Seiten, den Schal vorne aufkleben. Handschuhe auf den Vorderseiten fixieren. Bommel auf den Innenseiten anbringen.

4 Die Faltlinien zwischen den Bären leicht einritzen, falten und zur Laterne zusammenkleben.

5 Zuletzt die Schneekante falten, um die Laterne legen und festkleben.

Engelchen im Mond

Material

- Tonkarton in Orange, Hautfarbe, Weiß, Gelb
- Musterkarton in Rot mit weißen Punkten
- Tonpapier in Weiß
- 3-D-Wellpappe in Naturfarben
- Pauspapier
- Filzstift in Schwarz
- Buntstift in Rot
- Deckweiß
- Schere
- Klebstoff

Vorlage 4
Seite 100

1 Den Mond auf gelben, den Stern auf orangefarbenen, die Flügel auf weißen Tonkarton pausen. Den Körper, den Kopf und die Hände auf hautfarbenen Tonkarton, das Kleid auf rot-weißen Punktekarton, die Schuhe auf weißes Tonpapier übertragen. Das Haar auf festes Papier pausen, ausschneiden und diese Schablone seitenverkehrt auf der Rückseite von naturfarbener 3-D-Wellpappe umranden. Alle Teile ausschneiden.

2 Das Kleid und die Schuhe auf den Körper kleben. Dann die Hand und den Kopf anbringen. Das Haar fixieren. Die Flügel auf der Rückseite ankleben.

3 Mit schwarzem Filzstift das Gesicht und die Beinlinie, mit rotem Buntstift Bäckchen malen. Etwas Deckweiß als Glanzpunkte auf die Augen malen.

4 Den Engel und den Stern auf den Mond kleben.

Alle Tage wieder

Material

- Streichholzschachteln (aus dem Bastelladen)
- Goldpapierfolie
- Prägekarton in Weiß und Hellviolett
- Satinband in Weiß, 3 mm breit
- Sterne-Aufkleber
- Tonpapier in Beige
- Filzstift in Schwarz
- Buntstift in Rot und Rosa
- Deckweiß
- Pinsel
- Bastel- und Zackenschere
- Zahlen zum Aufkleben in Gold
- Klebstoff
- Schere
- Pauspapier

Vorlage 5
Seite 111

1 Körper, Kleidchen und Abdeckung für die Streichholzschachtel auf Prägekarton pausen, Gesicht auf Tonpapier und Flügel auf Golpapier pausen und alles ausschneiden.

2 Die Ränder vom Kleidchensaum, das Schild für die Streichholzschachtel und die „Stirn" vom Gesicht mit der Zackenschere schneiden.

3 Das Gesicht ausgestalten und auf den Kopf kleben.

4 Flügel und Aufhängeband auf die Rückseite vom Engel kleben, Streichholzschachtel ausgestalten und auf den „Bauch" vom Engel kleben.

5 Überraschung einfüllen.

Schneewalzer

Material

- Tonkarton in Weiß, Hellgrün
- Tonpapier in Orange, Grün
- Geschenkband
- Pompons in Weiß, Ø 15 mm
- Filzstift in Schwarz
- Buntstift in Rot
- Pauspapier
- Pinsel
- Deckweiß
- dünner Faden
- Nadel
- Schere
- Klebstoff

Vorlage 6
Seite 120

1 Den Körper, die Arme und die Spirale auf weißen Tonkarton, die Mütze auf hellgrünen Tonkarton, die Mützenkrempe und die Bommel je 2x auf grünes, die Nase 2x auf orangefarbenes Tonpapier pausen. Alle Teile ausschneiden, die Spirale einschneiden.

2 Die Arme und die Mütze auf die Vorderseite des Körpers kleben. Dann Krempe, Bommel und Nase beidseitig fixieren. Beidseitig mit schwarzem Filzstift Augen, Mund und Knöpfe malen, Bäckchen mit rotem Buntstift modellieren. Etwas Deckweiß auf die Augen tupfen.

3 Ein Stück Geschenkband als Schal umbinden. Einen Aufhängefaden anbringen. Auf die Spirale einige weiße Pompons kleben. Die Spirale mit einem dünnen Faden unten am Schneemann befestigen.

Vorlage
Bäumchen

Filzbäumchen
Abbildung und
Materialangaben Seite 76

1 Auf weißen und grünen bzw. roten Filz je zwei Kreise übertragen und ausschneiden.

2 Faden durch eine Perle führen und anschließend beide Enden in eine Nadel fädeln.

3 Mit dem größten grünen und dann mit dem weißen Kreis das Bäumchen von unten nach oben auffädeln. Zwischen zwei Filzscheiben kommt je eine Perle.

4 Die letzte Perle mit einem kleinen Tupfer Flüssigkleber festkleben. Den Faden ein paar Zentimeter von der Perle entfernt verknüpfen, fertig!

Fingerpuppen

Material

- Filz in Weiß, Schwarz, Braun, Beige, Hautfarbe, Hellblau, Dunkelblau, Orange, Rot, Gelb, Grün
- Filzstift in Schwarz
- Pauspapier
- Schreibpapier
- Bleistift
- Schere
- Klebstoff

Vorlage 7
Seite 103

1 Die Motivteile von der Vorlagenseite abpausen und mithilfe einer Papierschablone aus dem Filz ausschneiden.

2 Die Vorderseiten der Figuren ausgestalten (siehe Bild).

3 Vorder- und Rückseiten deckungsgleich zusammenkleben, dabei aber nur die Ränder mit Klebstoff bestreichen. Im Inneren muss noch Platz für einen Finger oder einen Stift bleiben!

22

Pinguin

Material

- Tonkarton in Weiß, Schwarz, Orange, Rot
- Filzstift in Schwarz
- Kordel in Blau
- Lochzange
- Pauspapier
- Bleistift
- Nylonfaden
- Klebstoff
- Schere

Vorlage 8
Seite 104

1 Die Motivteile je zweifach von der Vorlagenseite auf Tonkarton übertragen und alle Teile ausschneiden.

2 Die Füße zwischen die Bäuche kleben. Die schwarzen Fräcke an den Bäuchen fixieren.

3 Die Flügel, die Mütze und die Schnäbel ankleben.

4 Die Mützenkrempen und Bommel beidseitig anbringen.

5 Augen aufkleben, mit schwarzem Filzstift Pupillen malen.

6 In die Flügelspitzen jeweils ein Loch stanzen, jeweils ein Kordelende durchziehen und auf der Rückseite mit einem Knoten am Zurückrutschen hindern.

7 Einen Aufhängefaden anbringen.

24

Weihnachtsmann

Material

- Tonkarton in Rot, Weiß, Hellbraun, Blau, Schwarz
- Tonpapier in Hautfarbe
- Filzstift in Schwarz
- Deckweiß
- Kordel in Weiß, Gold
- Krepppapier in Blau, Grün
- Pauspapier
- Bleistift
- Schere
- Klebstoff

Vorlage 9
Seite 105

1 Das Motiv von der Vorlagenseite auf Tonkarton und Tonpapier übertragen und alle Teile ausschneiden.

2 Die Stiefel vorn an die Hose, die Hose hinten an den Mantel kleben. Die Hände auf beiden Seiten des Mantels an den Ärmeln ankleben.

3 Das Gesicht auf das weiße Bartteil kleben, den Schnauzbart und die Nase anbringen, den Kopf mit dem Bart am Mantel fixieren.

4 Die Mütze hinten am Pelzbesatz ankleben, die Bommel und die Pelzbesätze der Ärmel vorne fixieren.

5 Mit schwarzem Filzstift Augen, Mund und Knöpfe malen. Etwas Deckweiß als Glanzpunkte auf die Augen tupfen.

6 In die Hände jeweils ein kleines Loch stanzen. Weiße Kordel auf 30 cm kürzen, durch die Löcher ziehen und auf der Rückseite verknoten.

7 Einige Bonbons in buntes Krepppapier einwickeln, mit Goldkordel zubinden und an der Kordel des Weihnachtsmannes befestigen.

8 Einen Aufhängefaden an der Mütze anbringen.

Funkelschalen

Material

- Verschiedene Naturpapiere (z.B. Strohseide, Bananenpapier)
- alte Zeitungen
- Teller, Schalen, Schüsseln
- Tapetenkleister
- Designmetall in Gold, Silber, Kupfer
- Anlegemilch für Design-Metall, dünnflüssig
- weiches Tuch
- Flachpinsel
- Klarlack
- Haarpinsel Nr. 4

1 Das Naturpapier in ca. 2 x 2 cm große Stücke reißen, die Zeitungen in ca. 2 x 10 cm breite Streifen.

2 Ein Gefäß (Teller, Schale oder Schüssel) innen mit Kleister einpinseln und mit einer Lage Naturpapier vollständig bekleben. Erneut einkleistern und eine Lage mit Zeitungsstreifen darüberkleben. Auf diese Weise zwei weitere Lagen mit Zeitungspapier und zum Abschluss eine mit Naturpapier aufkleben. Austrocknen lassen (dies kann je nach Dicke mehrere Tage dauern). Die Schale aus dem Gefäß herausnehmen.

3 Mit dem Haarpinsel an den gewünschten Stellen Anlegemilch für das Designmetall auftragen. 15 Minuten trocknen lassen. Designmetall vorsichtig auflegen und leicht andrücken. Gut antrocknen lassen und möglichst erst am nächsten Tag mit einem weichen Tuch polieren.

4 Mit Klarlack lackieren.

Überraschungstüten

Material

- Packpapier
- Tonkarton in Gelb, Orange, Rot, Schwarz, Weiß, Blau, Grün
- Tonpapier in Beige, Rosa, Weiß
- Filzstift in Schwarz
- Buntstift in Rot
- Schere
- Klebstoff
- Geschenkband

Vorlage 10
Seite 97 und 98

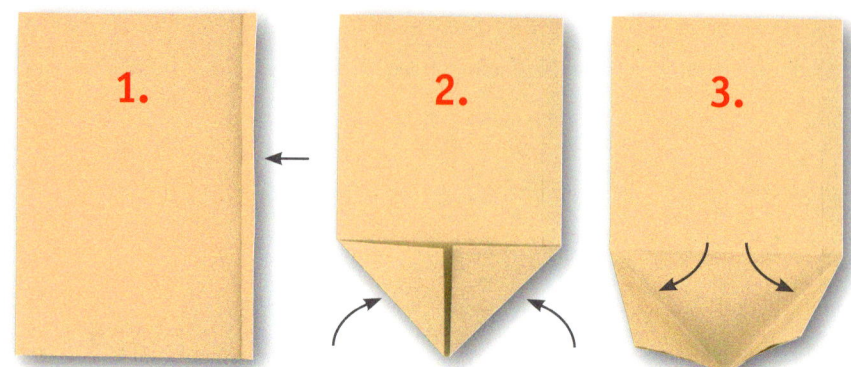

1 Aus Packpapier eine 30 x 21 cm große Fläche ausschneiden. So falten, dass die linke Seite kürzer ist und rechts ein Streifen von 1 cm bleibt; diesen nach links falten und ankleben.

2 Die unteren beiden Ecken nach innen falten. Dann die Spitze nach hinten umfalten, sodass eine waagrechte Falzkante entsteht.

3 Die Faltung nun wiederum öffnen und plan auflegen.

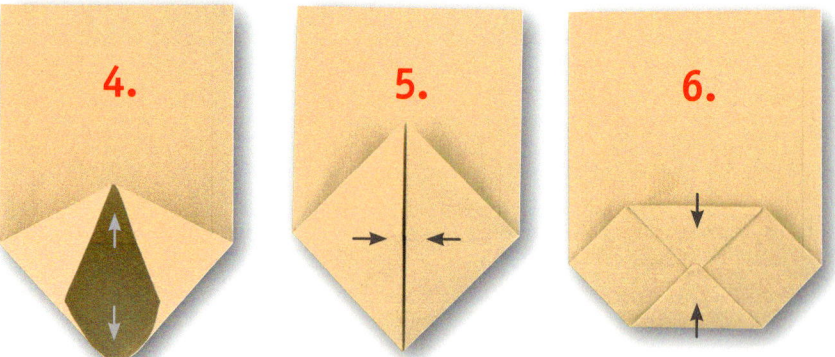

4 Die Öffnung in der Mitte aufziehen, den oberen Teil entlang der waagrechten Falzung nach oben falten.

5 Der untere Rand trifft durch die Falzung in der Mitte senkrecht aufeinander und es entsteht eine Rautenform.

6 Nun die beiden Spitzen so falten und festkleben, dass sie sich in der Mitte leicht überlappen.

Anhänger

1 Die Anhänger aus Tonkarton, die Nase vom Bär und die Fenster und Felgen vom Auto aus Tonpapier ausschneiden und die passenden Teile zusammenkleben.

2 Beim Schneemann Gesicht und Knöpfe mit schwarzem Filzstift aufmalen. Das Gesicht beim Bären auch mit Filzstift und die Backen mit rotem Buntstift malen.

3 Löcher in die Anhänger stanzen und diese mit Geschenkband an den Tüten befestigen.

Tischsets

Material

Lebkuchenmännchen

- Tonkarton in Blau
- Tonpapier in Hellbraun, Rotbraun, Rot, Gelb, Schwarz
- Pauspapier
- Filzstift in Schwarz
- selbstklebende Transparentfolie, 35 x 47 cm
- Schere
- Klebstoff

Anleitung Seite 34

Weihnachtsfrau

- Tonkarton in Grün
- Tonpapier in Gelb, Weiß, Rot, Grün, Hellgrün, Schwarz, Hautfarbe
- Pauspapier
- Filzstift in Schwarz
- Buntstift in Rot
- selbstklebende Transparentfolie, 35 x 47 cm
- Schere
- Klebstoff

Anleitung Seite 36

Vorlage 11
Seite 121 (für beide Motive)

Schmuckstücke

Material

- Modelliermasse, lufttrocknend
- Acrylfarben, Pinsel
- Plätzchenausstecher „Vogel"
- Nagel
- Nudelholz
- Frischhaltefolie
- Nähseide
- Schleifpapier (fein)
- Naturbast
- Pinsel

1 Modelliermasse zwischen zwei Lagen Frischhaltefolie einen halben Zentimeter dick auswalzen.

2 Mit Plätzchenausstecher Vögel ausstechen und mit einem dicken Nagel ein Loch für den Aufhängefaden stechen. Über Nacht trocknen lassen und die Ränder abschmirgeln.

3 Die Anhänger beidseitig bemalen; trocknen lassen.

4 Die Vögel gemeinsam mit einem Bastbüschel am Bastfaden aufhängen. Der Bast wird einmal von der einen und dann von der anderen Seite her durchgesteckt und auf beiden Seiten zur Schleife gebunden (siehe Bild unten).

Tischset Lebkuchenmännchen
Abbildung und Materialangaben Seite 32

1 Aus blauem Tonkarton ein 30 x 42 cm großes Rechteck zuschneiden.

2 Den größeren Körper auf hellbraunes, den kleineren auf rotbraunes Tonpapier, die Augen und Knöpfe auf schwarzes, die Nase auf rotes, die Sterne auf gelbes Tonpapier pausen. Alle Teile ausschneiden.

3 Den kleineren Körper auf dem größeren fixieren. Knöpfe, Augen und Nase aufkleben. Mit schwarzem Filzstift den Mund malen.

4 Das Männchen und die Sterne auf den blauen Karton kleben.

5 Das Tischset mit selbstklebender Transparentfolie beidseitig bekleben.

Fensterbär

Material

- Moosgummi (2 mm stark)
  in Weiß, Rot, Schwarz, Beige
- Thermometer
- Bindfaden
- Filzstift in Schwarz
- Pauspapier
- Schere
- Klebstoff

Vorlage 12
Seite 101

Die Motivteile auf das Moosgummi übertragen, ausschneiden und in folgender Reihenfolge zusammenkleben:

1 Die Ohren, den Schal und die Nase auf das Moosgummi kleben.

2 Ein Loch in das Moosgummi stechen und das Thermometer befestigen.

3 Das Gesicht und die Konturen aufmalen.

4 Mit einem Bindfaden am Fenster befestigen.

Tischset Weihnachtsfrau
Abbildung und Materialangaben Seite 32

1 Aus grünem Tonkarton ein 30 x 42 cm großes Stück zuschneiden.

2 Den Mantel und die Nase auf rotes, das Gesicht und die Hände auf hautfarbenes, die Krempe auf weißes, den Schal auf grünes und hellgrünes, die Schuhe auf schwarzes und die Sterne auf gelbes Tonpapier pausen; alle Teile ausschneiden.

3 Erst das Gesicht, dann die Krempen, anschließend Schal und Nase auf die Vorderseite kleben. Die Schuhe und Hände auf der Rückseite fixieren.

4 Mit schwarzem Filzstift Augen, Mund und Knöpfe malen. Mit rotem Buntstift Bäckchen modellieren.

5 Die Weihnachtsfrau und die Sterne auf den grünen Tonkarton kleben und anschließend das Tischset von beiden Seiten mit selbstklebender Transparentfolie kaschieren.

Tipp

Dank Moosgummi ist der Eisbär winterhart und trotzt auch Regen und Schnee. Also hängt er vor dem Fenster und zeigt die Außentemperaturen an. Zurren Sie ihn gegen den Wind am besten mit mehreren Fäden fest. Für ein Innenthermometer kann der Eisbär natürlich aus Karton anstatt aus Moosgummi gebastelt werden.

Goldschnabel

Material

- Tonkarton in Blau
- Tonpapier in Weiß
- Metallfolie in Rot-Gold
- Lackstift in Gold
- Filzstift in Schwarz
- Federn in Rosa
- Servietten
- Pauspapier
- Bleistift
- Schere
- Klebstoff

1 Den Vogel nach Vorlage aus blauem Tonkarton ausschneiden. Mit Lackstift goldene Punkte aufmalen.

2 Den Schnabel und die Schwanzfedern zweifach aus Goldfolie, die Augen aus Tonpapier ausschneiden.

3 Die Pupillen mit schwarzem Filzstift aufmalen; die Augen und den Schnabel beidseitig aufkleben.

4 Die Schwanzfedern einschneiden, über einem Bleistift runden und ankleben, die rosafarbene Feder dazwischenstecken.

5 Servietten falten (Bild rechts unten) und einstecken.

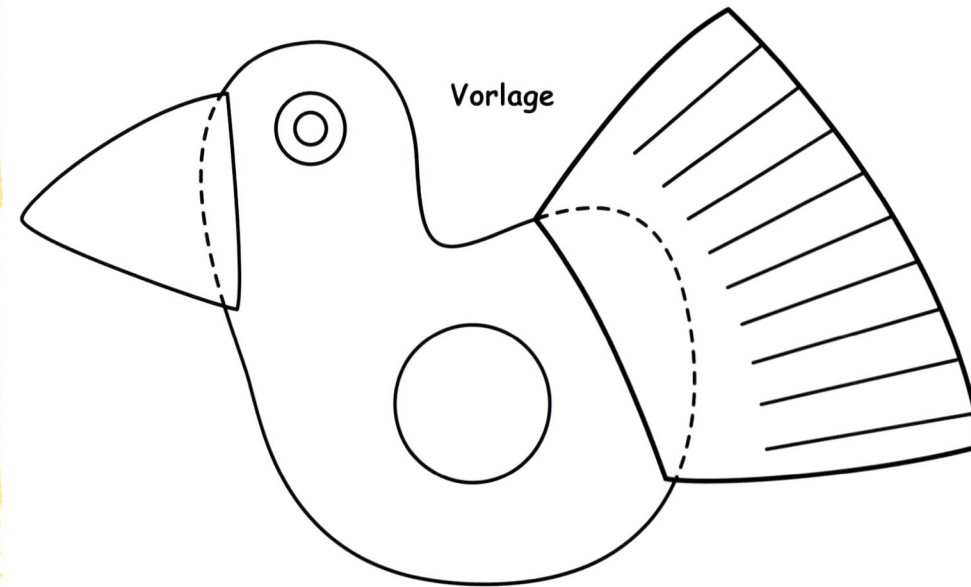

Vorlage

Fensterbild

Material

- Tonkarton in Schwarz
- Transparentpapier in Weiß, Hellblau, Rot, Orange, Orangegelb, Hellgrün, Pink, Dunkelblau
- Pauspapier
- Bleistift
- spitze Schere
- Cutter und Schneideunterlage
- Klebstoff
- doppelseitiges Klebeband oder Aufhängefaden

Vorlage 13
Seite 106 - 109

1 Das Motiv nach der Vorlage auf schwarzen Tonkarton durchpausen.

2 Zunächst äußeren Rahmen ausschneiden, dann alle Innenflächen herausschneiden.

3 Die Flächen mit passend zugeschnittenen Transparentpapieren hinterkleben: Schneemänner und Wiese mit Weiß, die Nasen und den Bommel mit Orange, den Hut mit Dunkelblau, das Hutband mit Orangegelb. Für die Mütze rotes Transparentpapier, für die Schals pinkfarbenes und hellgrünes Transparentpapier verwenden. Den Himmel mit Hellblau hinterkleben.

4 Aus schwarzem Tonkarton die Augen, die Münder und die Knöpfe ausschneiden. Die Nasen, Augen, Münder und Knöpfe auf das Transparentpapier kleben.

5 Das Motiv mit doppelseitigem Klebeband oder einem Aufhängefaden am Fenster anbringen.

Weihnachtskarten

Material

- Tonkarton in Rot, Dunkelblau, Hellblau, Grün (30 x 11 cm und 15 x 22 cm)
- Tonpapier in Weiß, Gelb, Orange, Rot, Hellgrün, Dunkelgrün, Olivgrün, Schwarz
- Lineal
- Bleistift
- Schere
- Bürolocher
- Klebstoff
- Klebstift
- Filzstift in Rot

Für alle Motive Klappkarten aus Tonkarton basteln.

Schneemann, Haus, großer Stern

Die Figuren aus Tonpapier reißen und mit Klebstift auf die Karte kleben. Punkte mit dem Bürolocher ausstanzen und dazukleben. Beim Haus ein Fenster aufmalen.

Bethlehem-Stern und Baum

Locherpunkte in Gelb, Weiß und Orange (Stern) und in Dunkel-, Hell- und Olivgrün (Baum) ausstanzen. Mit flüssigem Klebstoff die Formen aufmalen, die Punkte darauf streuen und vorsichtig andrücken.

Klingelsterne

Material

- Filz in Gelb
- Holzperlen in Weiß, Creme, Ø 8 mm
- Tonkarton
- Nähfaden in Weiß
- Nadel
- Metallglöckchen in Gold, Ø 15 mm
- Pauspapier
- Bleistift
- Schere
- Klebstoff

1 Die Sterne von der Vorlage auf Tonkarton übertragen und ausschneiden.

2 Die Tonkartonsterne auf Filz legen und für jeden Anhänger zwei Sterne ausschneiden. Die beiden Filzsterne, mit einem Tonkartonstern (als Verstärkung) dazwischen, zusammenkleben.

3 Für jeden Anhänger 16 Quadrate (2 cm) aus Filz schneiden.

4 Weißes Nähgarn an ein Glöckchen knüpfen und abwechselnd Perlen und Filzquadrate auffädeln.

5 Die fertige Kette am Filzstern verknoten und oben einen Aufhängefaden anbringen.

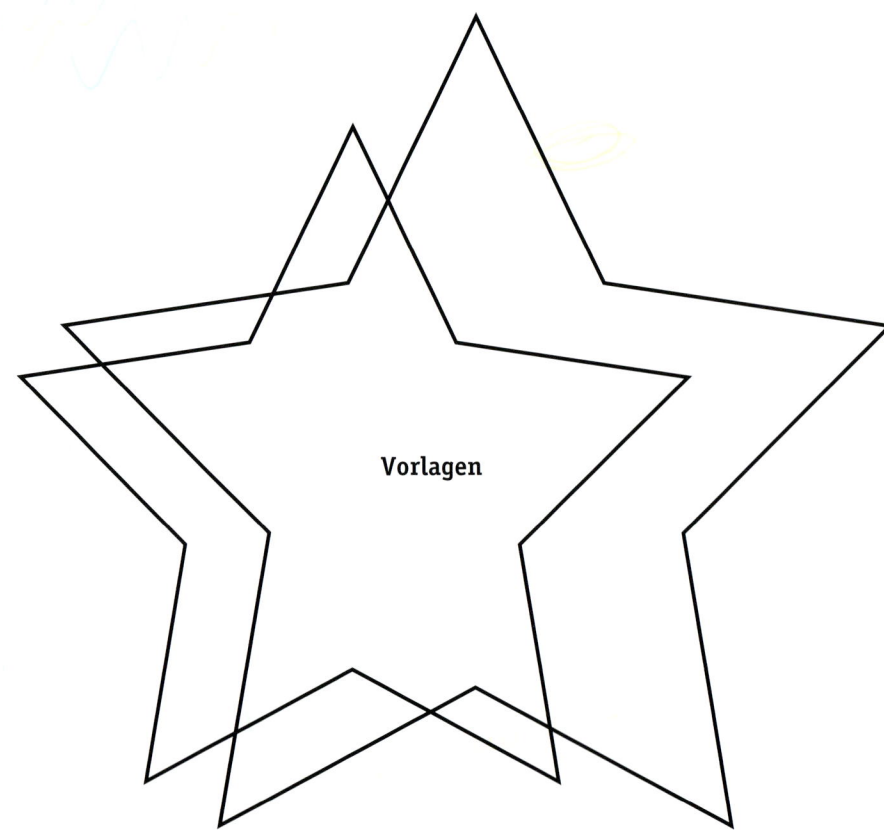

Vorlagen

Knuddel-Rentier ✓

Material

- Bastelwatte
- Wollfaden
- Filz in Orange, Schwarz
- dünner Karton
- Pauspapier
- Modellierfilz in Weiß
- 2 runde Knöpfe
- Nähgarn
- Nadel
- Socke/Kniestrumpf in Braun
- Schere
- Klebstoff

Vorlage 14
Seite 114

2011 zu
Weihnachten
für Nati, Siddi,
Maddy + Kerstin
gebastelt!

+ beide Omas'

1 Den Kniestrumpf mit Bastelwatte ausstopfen. Das Ende des Strumpfes mit einem Wollfaden zusammenbinden.

2 Das Ohr, die Nase, das Bein und das Geweih von der Vorlage auf dünnen Karton pausen. Die Teile ausschneiden und die Schablone des Ohrs und des Beins jeweils zwei- bzw. viermal auf orangefarbenen Filz legen, mit Bleistift umranden und ausschneiden. Die Nase auf die gleiche Weise einmal auf schwarzen Filz, das Geweih zweimal auf weißen Modellierfilz übertragen und ausschneiden.

3 Die beiden Geweihe mit etwas Wasser anfeuchten, über
einen leicht gerundeten Gegenstand legen und trocknen
lassen. So bekommt der Filz eine etwas gebogene Form.

4 Die oberen Kanten der Ohren und der Beine mit Klebstoff
bestreichen und an den Socken kleben. Auf die gleiche
Weise das Geweih ankleben. Die Nase vorne auf die
Sockenspitze kleben.

5 Als Augen auf beiden Seiten große Knöpfe aufnähen.

Ins Körbchen!

Material
Schneemann

- Tonkarton in Weiß, Schwarz
- Tonpapier in Orange
- Streifenpapier in Gelb-Rot
- Pauspapier
- Lineal
- Stricknadel
- Filzstift in Schwarz
- Deckweiß, Pinsel
- Schere
- Klebstoff

Weihnachtsmann

- Tonkarton in Rot, Weiß, Blau
- Tonpapier in Aprikot
- Lineal
- Stricknadel
- Filzstift in Schwarz
- Buntstift in Rot
- Deckweiß, Pinsel
- Schere
- Klebstoff
- Pauspapier

Vorlage 15
Seite 112 und 113

Schneemann

1 Das Quadrat mit allen Linien von der Vorlage auf weißen Tonkarton übertragen und entlang der Außenlinien ausschneiden.

2 An den gestrichelten Linien des Quadrats ein Lineal anlegen und den Karton am Lineal entlang mit einer Stricknadel etwas einritzen. Dann den Tonkarton entlang dieser Linien falten. Die vier Eckquadrate entlang der durchgezogenen diagonalen Linien einschneiden und die dabei entstandenen Dreiecke übereinanderkleben. Die überstehenden Ecken an den geraden Kanten abschneiden.

3 Den Kopf und die Arme auf weißen, den Hut auf schwarzen Tonkarton, die Nase auf orangefarbenes Tonpapier und das Hutband 2x auf Streifenpapier pausen. Alle Motivteile ausschneiden.

4 Den Hut auf der Rückseite, die Nase auf der Vorderseite des Kopfes aufkleben. Das Hutband beidseitig fixieren. Mit schwarzem Filzstift Augen und Mund malen. Etwas Deckweiß auf die Augen tupfen.

5 Den Kopf und die Arme von außen an das Körbchen kleben.

Weihnachtsmann

1 Das Körbchen (siehe oben) aus rotem Tonkarton basteln.

2 Den Kopf, den Oberlippenbart, die Bommel 2x und die Krempe 2x auf weißen, die Mütze auf roten und den Handschuh 2x auf blauen Tonkarton pausen und ausschneiden. Das Gesicht auf aprikotfarbenes Tonpapier übertragen und ausschneiden. Die Nase seitlich etwas einschneiden und mit rotem Buntstift bemalen.

3 Den oberen Bart unter die Nase, dann das Gesicht auf den Vollbart kleben. Mit schwarzem Filzstift Augen und Mund malen. Etwas Deckweiß auf die Augen tupfen.

4 Das Gesicht mit dem Oberlippenbart und die Mütze auf den Kopf kleben. Die Krempe und die Bommel beidseitig fixieren.

5 Kopf und Handschuhe von außen an das Körbchen kleben.

Rentier

Material

- Tonkarton in Hellbraun, Rot, Beige
- Tonpapier in Hautfarbe, Weiß
- Pfeifenputzer in Schwarz
- Wollreste in Rot
- Lochzange oder Bürolocher
- Filzstift in Schwarz
- Buntstift in Rotbraun
- Papierservietten
- Pauspapier
- Schere
- Klebstoff
- Geschenkband

Vorlage 16
Seite 112

1 Den Kopf auf hellbraunen, das Geweih auf beigen und den Schal auf roten Tonkarton pausen und ausschneiden. Die Ohrinnenteile auf hautfarbenes und die Augen auf weißes Tonpapier pausen und ausschneiden.

2 Das Geweih auf die Rückseite, die Ohrinnenteile und die Augen auf die Vorderseite des Kopfes kleben. Mit schwarzem Filzstift Pupillen und Mund, mit rotbraunem Buntstift Bäckchen malen. Als Nase ein etwa 4,5 cm langes Stück schwarzen Pfeifenputzer zu einem Schneckenhaus (Spirale) aufrollen und anschließend auf den Kopf kleben.

3 Mit einer Lochzange in das Schalende unten 4–5 Löcher stanzen, sowie je ein Loch an den Seiten. Jeweils einen farblich passenden Wollfaden in die Löcher am Schalende knoten und die Fäden nach Bedarf kürzen.

4 Den Kopf auf den Schal kleben.

5 Kekse oder kleine Überraschungen in eine Serviette legen, die Enden oben zusammenraffen und mit einem Geschenkband zubinden.

6 Ein etwa 30 cm langes Stück Wollfaden nacheinander durch beide Löcher des Schals ziehen, sodass der Faden auf beiden Seiten gleich lang ist. Den Kopf um den Serviettenbeutel legen, die Fadenenden mit einem halben Knoten halten und dann zur Schleife binden.

Päckchen

Material

- Tonkarton oder anderes festes Papier
- Pappe
- Pauspapier
- Bleistift
- Lineal
- Buntstifte oder Lackstift in Weiß
- Sternensticker
- Geschenkband oder Naturbast
- Schere
- Stricknadel
- Klebstoff

Vorlage 17
Seite 114

1   Die Vorlage für die Schachtel (auch die gestrichelten Linien) auf Tonkarton übertragen und ausschneiden. Nach Belieben bemalen oder mit weihnachtlichen Stickern bekleben.

2   Die beiden geraden, gestrichelten Linien mit Lineal und Stricknadel vorfalzen und falten.

3   Die Schablone (rot) nach Vorlage aus Pappe ausschneiden und an die entsprechende Stelle auf den ausgeschnittenen Tonkarton legen. Mit der Stricknadel jeweils die gestrichelten Linien nachfahren.

4   Das Päckchen in der Mitte falten und an der Klebelasche (schraffiert) zusammenkleben.

5   Die vier Seitenteile vorsichtig nach innen klappen. Das Papier spannt ein wenig, knickt aber an den richtigen Stellen, weil es vorgefalzt ist. Das Päckchen kann immer wieder auf- und zugemacht werden.

6   Die Schachtel mit Geschenkband umwickeln und eine Schleife binden.

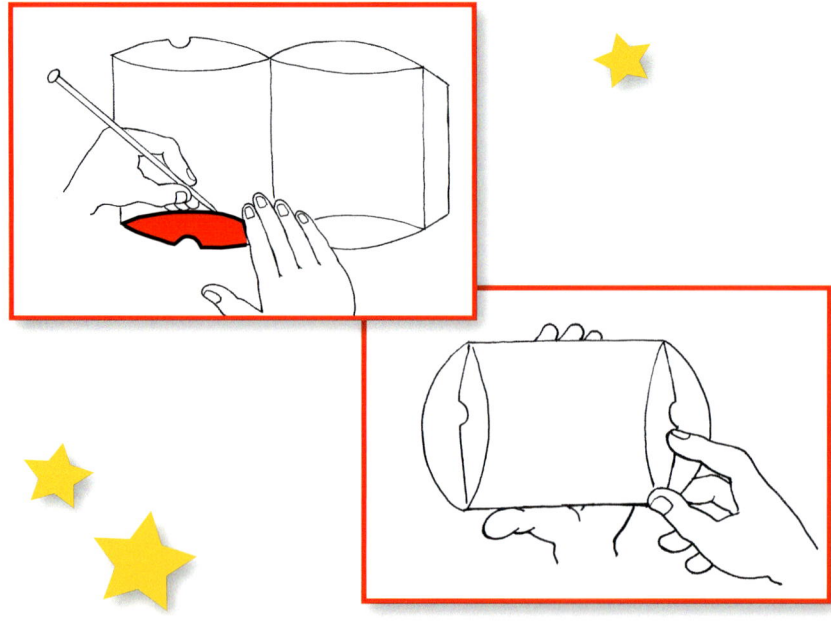

Tipp

Für diese Päckchen eignet sich jedes etwas steifere Papier; besonders hübsch ist auch ein von Kindern selbst bemaltes oder beklebtes Papier. Dünneres Papier, wie z. B. Geschenkpapier, muss auf stärkeres Papier geklebt werden.

Adventskalender

Material

- Filz in verschiedenen Farben
- Wellpappe in verschiedenen Farben
- Tonkarton in Gelb
- Pauspapier
- Lochzange
- Zierkordel
- Filzstift in Schwarz
- Schere
- Klebstoff
- Karton

1 Die Socke auf Karton pausen und ausschneiden.

2 Die Schablone auf Filz legen, zweimal umranden und ausschneiden. An den Rändern, außer oben, zusammenkleben.

3 Aus Wellpappe einen 3 x 16 cm großen Streifen zuschneiden, in der Mitte falten. Die untere Längskante innen mit Klebstoff einstreichen und den Streifen um die obere Kante der Filzsocke kleben.

4 Den Stern auf gelben Tonkarton pausen und ausschneiden. Mit einer Lochzange jeweils ein Loch in den Stern und den Wellpappestreifen stanzen. Ein Stück Kordel durch die Löcher ziehen, dabei den Stern mit auffädeln und die Kordelenden verknoten.

5 Mit einem dicken Filzstift die Sterne mit Ziffern beschriften.

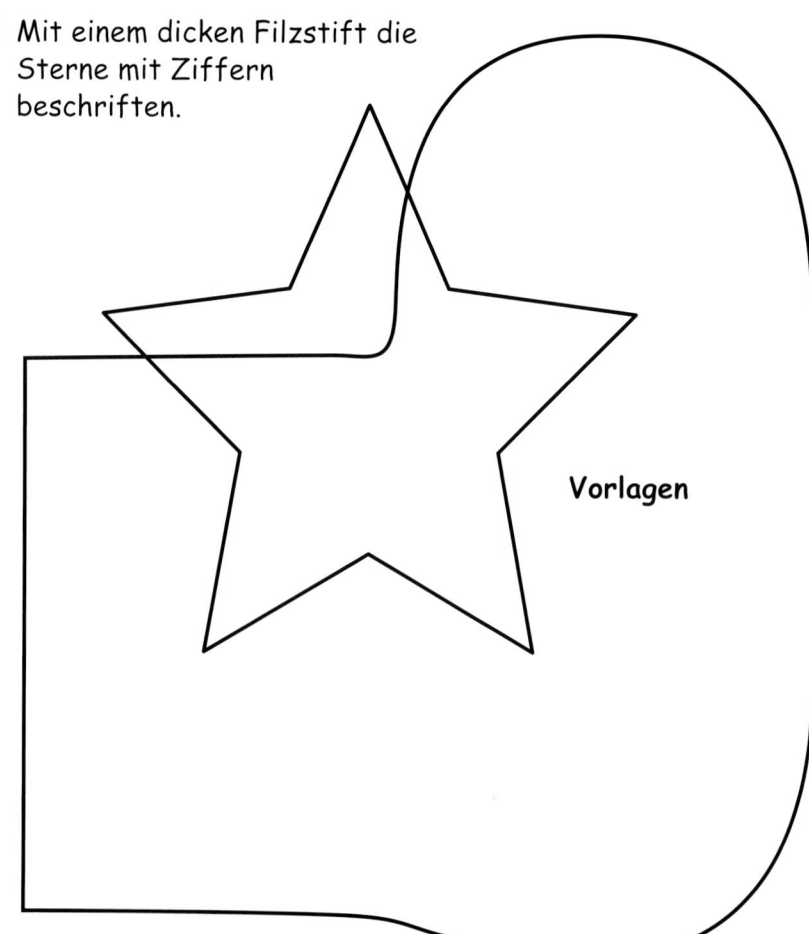

Vorlagen

54

Raben-Mobile

Material

- Tonkarton in Schwarz, Orange, Braun, Hellbraun
- Tonpapier in Weiß, Beige, Rot
- Krepppapier in Schwarz
- Filzstift in Schwarz
- dünner Faden
- Nadel
- Pauspapier
- Schere
- Klebstoff

Vorlage 18
Seite 115

1 Den Vogelkörper 4x auf schwarzen Tonkarton, den Schnabel 4x und den Fuß 8x auf orangefarbenen Tonkarton, das Auge 7x auf weißes Tonpapier pausen. Alle Teile ausschneiden. Als Schwanz für jeden Vogel zwei 4 x 4 cm große Stücke schwarzes Krepppapier zuschneiden und jeweils von einer Seite kammartig einschneiden.

2 Die Füße etwas versetzt beidseitig, die Augen und die Schwanzfedern beidseitig, den Schnabel auf der Vorderseite aufkleben. Mit schwarzem Filzstift Pupillen malen.

3 Das große Herz auf braunen, das mittlere Herz 2x auf hellbraunen und das kleine Herz auf hellbraunen Tonkarton pausen. Mehrere Mandeln aus beigem und zwei Kirschen aus rotem Tonpapier ausschneiden. Die mittleren Herzen beidseitig auf das große kleben. Die Herzen beidseitig mit Mandeln und Kirschen verzieren. Einen Vogel auf die Vorderseite des großen Herzes kleben. Das kleine Herz auf den Schnabel eines Raben.

4 Die Raben mit einem dünnen Faden am Lebkuchenherz befestigen. Zum Schluss einen Aufhängefaden am Herz anbringen.

Räucherhäuschen

Material

- Tonkarton in Rot, Blau, Grün, Gelb, Schwarz
- Marmeladenglasdeckel
- leere Aluhülle von einem Teelicht
- Räucherkegel
- Bleistift
- Filzstift in Schwarz
- Schere
- Klebstoff
- Pauspapier

Vorlage 19
Seite 116

1 Dach und Kamin nach Vorlage aus rotem bzw. schwarzem Tonkarton schneiden.

2 Das Dach zu einem offenen Kegel biegen und an der Klebelasche zusammenkleben. Den Kamin zu einem Ring zusammenkleben und an den drei Klebelaschen in das Dach kleben.

3 Für jedes Fenster aus gelbem Tonkarton ein 4 x 3 cm großes Rechteck ausschneiden; die Fensterkreuze mit schwarzem Filzstift aufmalen.

4 Das Häuschen aus blauem oder grünem Tonkarton (29 x 10 cm) schneiden. Wenn das Dach später fest auf dem Haus sitzen soll, fünf Klebelaschen (wie bei dem Kamin) an einer langen Seite des Rechtecks stehen lassen. Das Rechteck zu einem Ring biegen und an den Seiten zusammenkleben. Das Dach oben aufsetzen oder an den Klebelaschen ankleben.

5 Eine Teelichthülle mit einem Räucherkegel in einen Marmeladenglasdeckel stellen, den Räucherkegel anzünden und zum Glimmen bringen. Das Räucherhäuschen darüber setzen.

58

Baumschmuck

Material

- Ton in Weiß, lufttrocknend
- Ausstechförmchen, klein
- Deckfarben in Rot, Weiß
- Folie und Nudelholz
- Zahnstocher
- Schere
- Klarlack
- Pinsel
- Bänder zum Aufhängen

1 Lufttrocknenden Ton zwischen zwei Frischhaltefolien ca. 5 mm dick auswalzen.

2 Mit kleinen Förmchen Figuren ausstechen, ein Loch mit dem Zahnstocher einstechen und flach liegend mindestens einen Tag trocknen lassen.

3 Mit Schmirgelpapier die Ränder leicht abrunden. Staub abwischen.

4 Mit roter Deckfarbe beidseitig anmalen, einen Zahnstocher in das vorhandene Loch stecken und die Figur schräg zum Trocknen aufstellen.

5 Weiße Punkte und Füße malen, ca. eine halbe Stunde trocknen lassen.

6 Mit Glanzlack lackieren und wieder schräg zum Trocknen stellen.

7 Faden und Schleifchen befestigen.

60

Weihnachtspaket

Material

- Karton, etwa 16 x 13 x 20 cm groß
- Tonkarton in Hautfarbe, Weiß, Rot, Blau, Schwarz, Gelb
- Tonpapier in Rot
- Geschenkpapier in Rot
- Pauspapier
- Filzstift in Schwarz
- Buntstift in Rot
- Deckweiß
- Pinsel
- Lochzange
- Geschenkband
- Schere
- Klebstoff
- Lineal

Vorlage 20
Seite 116 und 117

1 Den Karton mit dem Geschenk in rotes Geschenkpapier verpacken. Das Gesicht des Weihnachtsmanns auf hautfarbenen, die Mütze und die Nase auf roten, den Vollbart, den Schnauzbart, die Bommel und die Mützenkrempe auf weißen, den Schal und die Handschuhe auf blauen und die Schuhe auf schwarzen Tonkarton pausen. Alle Teile ausschneiden.

2 Den Vollbart und die Mütze auf das Gesicht kleben. Anschließend den Schnauzbart, die Mützenkrempe und die Bommel fixieren. Den Kopf auf den Schal kleben. Mit schwarzem Filzstift Augen, Mund und Ohrlinien, mit rotem Buntstift Bäckchen malen. Etwas Deckweiß als Glanzpunkte auf die Augen tupfen.

3 Vier 6 x 70 cm lange rote Tonpapierstreifen zuschneiden, je zwei an einem Ende übers Eck zusammenkleben und abwechselnd übereinanderfalten. Das Ende mit Klebstoff fixieren. Jeweils einen Handschuh auf die Hexentreppe kleben und seitlich am Geschenk als Arm fixieren. Den Kopf auf die Vorderseite, die Schuhe unter den Geschenkkarton kleben.

4 Den Stern auf gelben Tonkarton pausen und ausschneiden. Seitlich zwei Löcher stanzen, Geschenkband durchziehen, beschriften und dem Weihnachtsmann umhängen.

62

Schneemännchen

1 Für jeden Wichtel einen Pfeifenputzer auf 10 cm (Arme) und 12 cm Länge (Beine) zuschneiden.

2 Den längeren Pfeifenputzer in der Mitte knicken und mit dem kürzeren Draht einmal (1 cm unterhalb des Knicks) umwickeln, so dass auf beiden Seiten gleich lange Stücke (Arme) abstehen.

3 Die kleinen weißen Perlen als Hände und die Halbschalen als Füße auf die Drahtenden kleben.

4 Mäntel und Mützen nach Vorlage aus Filz ausschneiden.

5 Die Filzmützen jeweils zusammenkleben und auf die Wattekugeln kleben; oben mit einem Wollfaden zusammenbinden. Beim Weihnachtsmann die weiße Holzperle als Bommel aufkleben.

6 Für die Knöpfe Kreise aus schwarzem Tonkarton stanzen und aufkleben.

7 Die Mäntel über die Drahtkörper ziehen und innen, unterhalb der Arme, zusammenkleben.

8 Die Wattekugeln auf die Hälse stecken und die Gesichter mit Filzstift aufzeichnen. Dem Weihnachtsmann einen Rauschebart aus Watte ankleben.

9 Die Mäntel mit etwas Watte auspolstern.

Tipp

Achten Sie beim Malen der Gesichter darauf, dass Sie den Filzstift immer nur kurz und mit wenig Druck aufsetzen; sonst zerfließt die Farbe auf den saugfähigen Wattekugeln.

Winterdorf

Material

- Tonkarton in Schwarz
- Transparentpapier in Hellbau, Weiß, Gelb, Braun, Orange, Dunkelgrün, Rot, Violett
- Pauspapier
- Bleistift
- Schneideunterlage
- Cutter
- Klebstoff

Vorlage 22
Seite 110

Anleitung Seite 68

Winke, winke!

Material

- Tonkarton in Hellbraun, Beige
- Tonpapier in Orange, Hautfarbe, Schwarz, Weiß
- Regenbogen-Tonkarton
- Filzstift in Schwarz
- Buntstift in Rot
- Deckweiß
- blaue Wolle
- Lochzange
- Schere
- Pauspapier

Vorlage 23
Seite 125

1 Das Motiv von der Vorlagenseite auf Tonkarton und Tonpapier übertragen und alle Teile ausschneiden.

2 Mit einer Lochzange in die Enden des Schals Löcher stanzen. Wollfäden anknoten und etwas kürzen.

3 Das Geweih auf die Rückseite des Rentiers kleben. Alle anderen Motivteile beidseitig aufkleben.

4 Mit Filzstift Hufe, Pupillen und Maul malen, mit Buntstift Bäckchen modellieren. Etwas Deckweiß als Glanzpunkt auf die Nase tupfen.

Winterdorf
Abbildung und Materialangaben Seite 66

Grundanleitung für transparente Fensterbilder auf S. 96

1 Das Motiv nach der Vorlage auf schwarzen Tonkarton abpausen und zunächst entlang der äußeren Linien ausschneiden. Anschließend die Innenflächen herausschneiden.

2 Die Innenflächen mit farblich passend zurechtgeschnittenen Transparentpapieren hinterkleben: den Himmel mit Hellblau, den Schnee auf Dächern, Wiese und Tanne und die Schneeflocken mit Weiß. Die Fenster und den Stern mit Gelb. Die Tannenzweige mit Grün. Die Hausfronten mit Orange, Braun, Gelb, Rot. Die Tür mit Violett. Die separaten Schneeflocken und Fenster auf die Vorderseite des Himmels bzw. der Häuser kleben. Dann auf der Rückseite ganz vorsichtig mit einem Schneidemesser das Transparentpapier des Untergrundes (Himmel, Hauswand) herausschneiden.

Tischlaterne

Material

- Wellkarton in Weiß
- Goldpapierfolie
- Tonpapier in Hautfarbe und Rosa
- Buntstift in Rosa und Rot
- Engelshaar
- 3 Miniwäscheklammern aus Holz in Gold
- 3 Aufkleber „Goldsterne"
- Filzstift in Schwarz
- Deckweiß
- Pinsel
- Abstandspads
- Transparentpapier mit Schneeflockenmuster
- Klebstoff
- Schere
- Pauspapier
- Lineal
- Bürolocher

Vorlage 24
Seite 102

1 Die Laternenseitenteile auf weißen Wellkarton, die Flügel auf Goldpapierfolie und die Köpfe und Hände der Engel auf hautfarbenes Tonpapier pausen, alles ausschneiden.

2 Den vorderen kleineren Wolkenausschnitt mit Schneeflocken-Transparentpapier hinterkleben.

3 Einen Streifen (10 x 32 cm) aus Wellpappe ausschneiden. Von den schmalen Außenseiten her jeweils 10 cm nach innen hin falzen, knicken und die Teile hochbiegen, sodass eine Bodenplatte entsteht. Mit Heißkleber zwischen die Vorder- und Rückseite kleben.

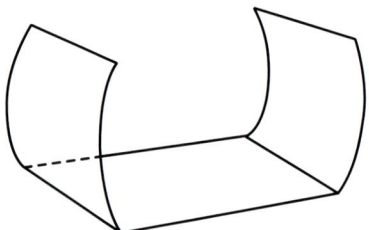

4 Engelsgesichter ausgestalten (Bürolocher für die rosa Nasen verwenden) und mit Abstandspads die Köpfe auf den Rand der Innenseite kleben, erst dann die Hände unter die Köpfe außen mit Abstandspads aufdrücken.

5 Engelshaar mit einer Goldklammer aufstecken und mit einem goldenen Sternenaufkleber schmücken.

Tipp

Achtung: Stellen Sie in die Laterne nur ein Teelicht im Glas; keine Kerze. Und nie unbeaufsichtigt lassen – Engelshaar entflammt leicht.

Pinguin-Mobile

Material

- Tonkarton in Weiß, Schwarz
- Tonpapier in Weiß, Orange, Rot
- Bindfaden
- Filzstift in Schwarz
- Füllwatte
- Nylonfäden
- Pauspapier
- Schere
- Klebstoff

Die Motivteile auf Tonkarton bzw. Tonpapier übertragen, ausschneiden und in folgender Reihenfolge zusammenkleben:

1 Die Körper der Pinguine beidseitig mit der Mütze, dem Bauch, dem Schnabel, den Füßen und den Augen bekleben.

2 Die Pupillen aufmalen.

3 Die Füllwatte als Bommel auf die Mützen kleben.

4 Die Sterne von beiden Seiten her auf die unterschiedlich langen Nylonfäden sowie auf die Wolke (Mobile-Oberteil) kleben.

Mobile-Oberteil

Vorlagen

Fuß
2x

Papiersterne

Material

- Geschenk-, Ton- oder Faltpapier
- Lineal
- Bleistift
- Schere
- Klebstoff
- Faden
- evtl. kleine Holzperle

1 Aus farbigem Papier ein Quadrat (ca. 8 cm) schneiden und zu einem Dreieck falten.

2 Das Quadrat auseinander falten und wie auf der Zeichnung hinlegen.

3 Die linke und die rechte Ecke zur Mitte falten.

4 Die obere Spitze nach unten klappen.

5 Die beiden oberen Ecken zur Mittellinie hin falten.

6 Das Papier wenden, in der Mitte zusammenfalten und die kleinen, dreieckigen Seitenflächen nach außen klappen.

7 Auf diese Weise noch 5, (6, 8 oder 10) Zacken fertigen; die Zacken an den Seitenflächen aneinanderkleben.

8 Nach Belieben in die Sternenmitte eine passende Holzperle kleben. Zum Aufhängen einen Faden innen an einem Sternzacken festkleben.

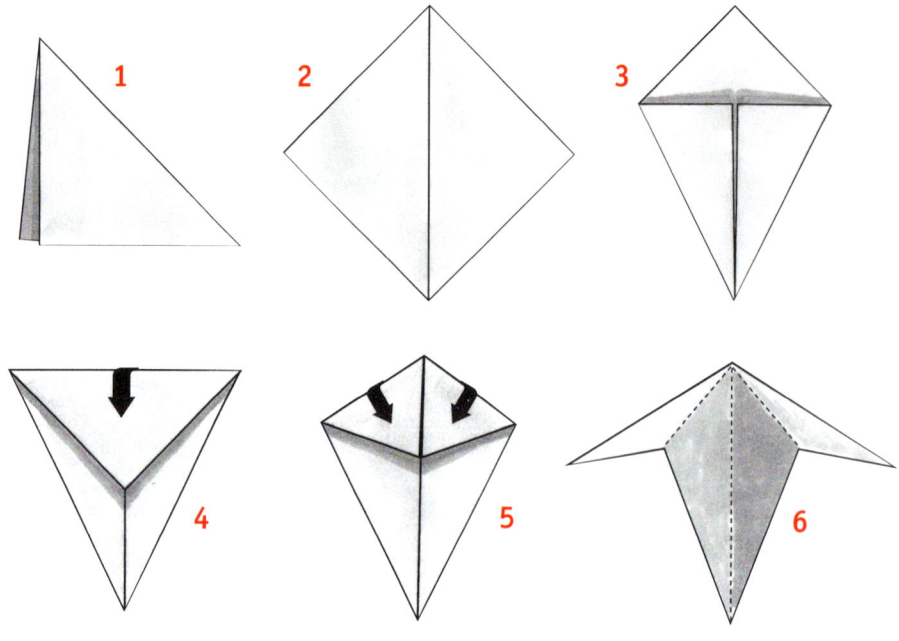

74

Es hat geschneit!

Material
Schneemann

- Styroporkugel, Ø 6 cm
- Styroporei, Höhe 10 cm
- Tonkartonrest in Schwarz
- Tonpapier in Orange
- kleiner Joghurtbecher
- Acrylfarbe in Weiß und Schwarz
- weiße Serviette
- Filz in Grün
- Stoffrest in Rot
- 3 Pompons in Schwarz, Ø 1 cm
- 2 dünne Zweigchen
- Heiß- oder Styroporkleber
- Nadel, schwarzer Faden
- Schere, Klebstoff
- Cutter, Pauspapier

Bäumchen

- Holzperlen, Ø 8 mm
- Filz in Weiß, Rot, Grün, dünn
- Faden
- Nadel
- Klebestift, Schere

Anleitung S. 20

1 Dem Styroporei oben und unten die Spitzen mit dem Cutter kappen, ebenso an einer Seite der Kugel ein Segment mit dem Cutter abschneiden (ca. 5 mm).

2 Den Kopf mit der abgeflachten Stelle auf die abgeflachte Eispitze kleben (Achtung: Kleber für Styropor nehmen!).

3 Eine Lage einer weißen Serviette abziehen. Die zusammengeklebten Styroporteile mit weißer Acrylfarbe bemalen und sofort mit der weißen Serviette bedecken. Farbe und Papier verbinden sich und eine „Schneestruktur" entsteht. Man kann auch über das Papier malen und dieses mit den Fingern glatt streichen. Trocknen lassen.

4 Kleinen Joghurtbecher mit schwarzer Acrylfarbe bemalen. Für die Hutkrempe einen Kreis (Ø 10,5 cm) aus schwarzem Tonkarton schneiden und in der Mitte ein Loch von Ø 4,5 cm ausschneiden. Den Becher durchstecken und festkleben. Mit Filzhutband schmücken.

5 Nase auf orangenen Tonpapierrest pausen, ausschneiden, zur Tüte formen und zusammenkleben.

6 Erst das Gesicht aufmalen und dann die Nase aufkleben.

7 Mit einer spitzen Schere Löcher für die Arme einstechen und die Hölzchen einkleben. Die Pompons vorne aufkleben und die beiden zusammengenähten Handschuhhälften auf ein Ärmchen stecken. Ein Halstuch umbinden.

Vorlagen

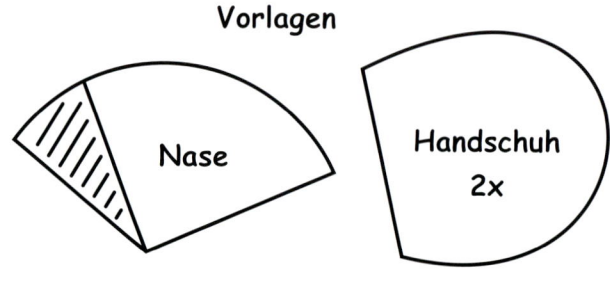

Nase

Handschuh
2x

Nicht ohne Schlitten!

Material

- Tonkarton in Rot, Schwarz, Hellbraun
- Tonpapier in Weiß, Grün, Hautfarbe
- Filzstift in Schwarz, Rot
- Buntstift in Rot
- Pauspapier
- Teelicht
- Deckweiß
- Pinsel
- Schere
- Klebstoff

Vorlage 25
Seite 118

1 Den Schlitten auf hellbraunen Tonkarton pausen. An den Außenlinien entlang ausschneiden. Die beiden Innenteile herausschneiden. Die gestrichelt eingezeichneten Linien mit der Scherenspitze am Lineal entlang nachziehen. Die Seitenteile des Schlittens anschließend umknicken.

2 Für den Weihnachtsmann einen 30 x 10 cm großen Streifen roten Tonkarton in der Mitte umknicken. Den Körper auf eine der beiden Seiten pausen, wobei die obere Kante der Mütze auf der Faltkante liegt. Den Körper aus dem doppelt liegenden Papier ausschneiden.

3 Den Bart und die Pelzbesätze je 2x auf weißes Tonpapier, das Gesicht 2x auf hautfarbenes Tonpapier, die Nase 2x auf roten, die Stiefel je 2x auf schwarzen Tonkarton und die Handschuhe je 2x auf grünes Tonpapier pausen. Alle Teile ausschneiden.

4 Die Stiefel und den Handschuh des gehobenen Arms auf der Rückseite des Körpers, die anderen Motivteile auf der Vorderseite ankleben. Mit Filz- und Buntstift das Gesicht malen. Etwas Deckweiß auf die Augen tupfen.

5 Die Rückseite des Aufstellers gegengleich arbeiten.

6 Ein Teelicht mit einem 1,4 x 13 cm großen Streifen grünen Tonpapiers umkleben und auf den Schlitten stellen. Achtung: Kerze nicht unbeaufsichtigt lassen!

Tipp

Diese hübsche Bastelidee ist recht vielseitig. So können Sie beispielsweise mehrere Schlitten aneinanderhängen und vom Weihnachtsmann über das Fensterbrett ziehen lassen. Als Päckchen bieten sich umwickelte und verschnürte Streichholzschachteln an, die es leer in Packungen zu je 24 Stück im Bastelladen gibt. Mit jeweils mehreren nummerierten Päckchen auf den Schlitten wird daraus ein origineller Adventskalender.

Material Nikolaus

- Tonpapier in Hautfarbe, Weiß, Rot
- Tonkarton in Hellblau
- 3-D-Wellpappe in Weiß
- festes Papier
- Pauspapier
- Filzstift in Schwarz
- Buntstift in Rot
- Deckweiß
- Pinsel
- selbstklebende Transparentfolie (35 x 47 cm)
- Schere
- Klebstoff

Vorlage 26
Seite 122

Material Socke

- Tonpapier in Dunkelgrün, Hellgrün, Weiß, Rot, Hautfarbe, Orange, Hellbraun, Dunkelbraun
- Tonkarton in Gelb
- Pauspapier
- selbstklebende Transparentfolie (35 x 47 cm)
- Filzstift in Schwarz
- Schere
- Klebstoff

Vorlage 27
Seite 123

Nikolaus

1 Das Gesicht auf hautfarbenes, die Mützenkrempe, die Bommel und den Schnauzbart auf weißes, die Mütze und die Nase auf rotes Tonpapier pausen, den Vollbart auf festes Papier. Alle Teile ausschneiden. Den Vollbart seitenverkehrt auf die Rückseite der weißen 3-D-Wellpappe legen, mit einem Stift umranden und ausschneiden.

2 Den Vollbart und die Mütze auf das Gesicht kleben. Anschließend die Mützenkrempe, die Bommel, den Schnauzbart und die Nase fixieren.

3 Mit schwarzem Filzstift Augen und Ohrlinien, mit rotem Buntstift Bäckchen malen. Etwas Deckweiß als Glanzpunkte auf den Augen aufbringen.

4 Den fertigen Weihnachtsmannkopf auf hellblauem Tonkarton (30 x 42 cm) fixieren und diesen beidseitig mit selbstklebender Transparentfolie bekleben.

Socke

1 Die Socke auf dunkelgrünes, die Sockenspitze und -ferse auf hellgrünes, die Krempe auf weißes Tonpapier pausen. Den Zuckerstab auf rotes, die Mandarine auf orangenes, den Keks auf hellbraunes, die Mandel auf hautfarbenes und die hellen Abschnitte auf dem Zuckerstab auf weißes Tonpapier pausen. Alle Teile ausschneiden.

2 Das Gesicht des Nikolaus auf hautfarbenes, den Vollbart, den Oberlippenbart und die Mützenkrempe auf weißes, die Mütze und die Nase auf rotes Tonpapier pausen. Alle Teile ausschneiden.

3 Den Vollbart, den Oberlippenbart, die Nase und die Krempe auf das Gesicht kleben. Die Mütze und die Bommel auf der Rückseite fixieren. Mit schwarzem Filzstift Augen, Mund und Ohrinnenlinien malen, auf die Mandarine den Stilansatz.

4 Die Sockenspitze und die Ferse, die Krempe und den Niko-
lauskopf auf den Socken kleben. Die weißen Abschnitte auf
den Zuckerstab, die Mandel auf den Keks kleben.

5 Mandarine, Zuckerstab und Keks auf die Rückseite des
Sockens kleben. Die Lücke zwischen Mandarine und Zuckerstab mit einem Rest dunkelbraunem Tonpapier hinterkleben.

6 Den fertigen Stiefel auf gelbem Tonkarton (30 x 42 cm)
fixieren und diesen beidseitig mit selbstklebender Transparentfolie bekleben.

Material

Weihnachtsmann

- Papiertüte in Weiß, 12 x 15 cm
- Tonpapier in Rot, Schwarz, Hautfarbe, Grün, Braun
- Filzrest, dünn, in Weiß
- Abstandspads
- Filzstift in Schwarz
- Deckweiß, Pinsel
- Schere
- Klebstoff
- Pauspapier
- Bürolocher

Engel

- Papiertüte in Blau, 12 x 15 cm
- Sternchenaufkleber in Gold, Ø 1 cm
- Tonpapier in Hautfarbe
- Transparentpapier mit Sternchenmuster
- Prägekarton in Weiß
- Engelshaar
- Filzstift in Schwarz
- Deckweiß, Pinsel
- Schere
- Klebstoff
- Pauspapier
- Bleistift

Weihnachtsmann

1 Körper und Mütze auf rotes Tonpapier, Gesicht und Hände auf hautfarbenes Tonpapier, Füße auf schwarzes, Stamm auf braunes und Baum auf grünes Tonpapier pausen und ausschneiden. Mützenrand, Bommel, Bart und Ärmelbesatz auf weißen Filz pausen und ausschneiden.

2 Augen aufmalen, Kopf auf Körper, Mütze mit Bommel, Mützenrand und großen Bart auf den Kopf kleben. Glanzlichter der Augen mit Deckweiß auftupfen.

3 Mit dem Bürolocher Nase und Mund aus rotem Tonpapier stanzen. Mund aufkleben und darüber den Schnurrbart kleben. Obendrauf die Nase.

4 Stamm und Hand hinter das Bäumchen kleben, Hand umbiegen und Bäumchen mit Abstandspad auf den Körper drücken, Hand und Ärmelbesatz auf den Körper kleben, mit dem Filzstift Armlinie malen. Dann noch die Schuhe von hinten festkleben, und alles auf die Papiertüte kleben.

Vorlagen

82

Engel

1 Engelkleid auf weißen Prägekartonrest, Gesicht, Füße und Hände auf hautfarbenes Tonpapier und Fügel auf Transparentpapier pausen und ausschneiden.

2 Gesicht auf den Kopf malen, Kopf auf das Kleid kleben, Haartolle, Flügel und Füße von hinten festkleben.

3 Mit Bleistift in dünnen Linien die Arme aufmalen und Hände aufkleben.

4 Engel und Aufklebersternchen auf die Tüte kleben.

Waldengel

Material

- Kiefernzapfen
- Haselnüsse
- Bastelfarbe in Weiß, Rosa, Grün, Schwarz, Magenta
- Holzperlen, Ø 8 mm
- Engelshaar
- Transparentpapier, je ca. 7 x 13 cm
- je 2 Satinbänder in Weiß, 3 mm breit, 20 cm und 30 cm lang
- Klebstoff
- Pinsel

1 Den Kiefernzapfen farbig bemalen und weiß betupfen. Trocknen lassen.

2 Die Haselnuss weiß anmalen und trocknen lassen; die Nuss als Kopf auf die stumpfe Seite des Kiefernzapfens kleben und trocknen lassen.

3 Engelshaar auf dem Haselnusskopf zurechtlegen und festkleben. Mit dem kleinen Pinsel die Nase in Rosa, die Augen mit Schwarz und Weiß aufmalen und alles gut trocknen lassen.

4 Zwei Holzperlen weiß oder farbig bemalen und trocknen lassen.

5 Das längere Satinband um den Hals des Engels wickeln und hinten als Aufhänger verknoten. Das kürzere Satinband mittig in den Zapfen knoten; die Bänder vorne als Beine heraushängen lassen. Jeweils eine Perle auffädeln und mit einem Knoten sichern.

6 Das Transparentpapier im Zick-Zack ca. 0,5 cm breit zur Ziehharmonika falten, mit einem Tropfen Klebstoff hinten in den Zapfen kleben und seitlich auffächern.

So sieht der Engel von hinten aus. Die langen Bänder dienen als Aufhänger.

84

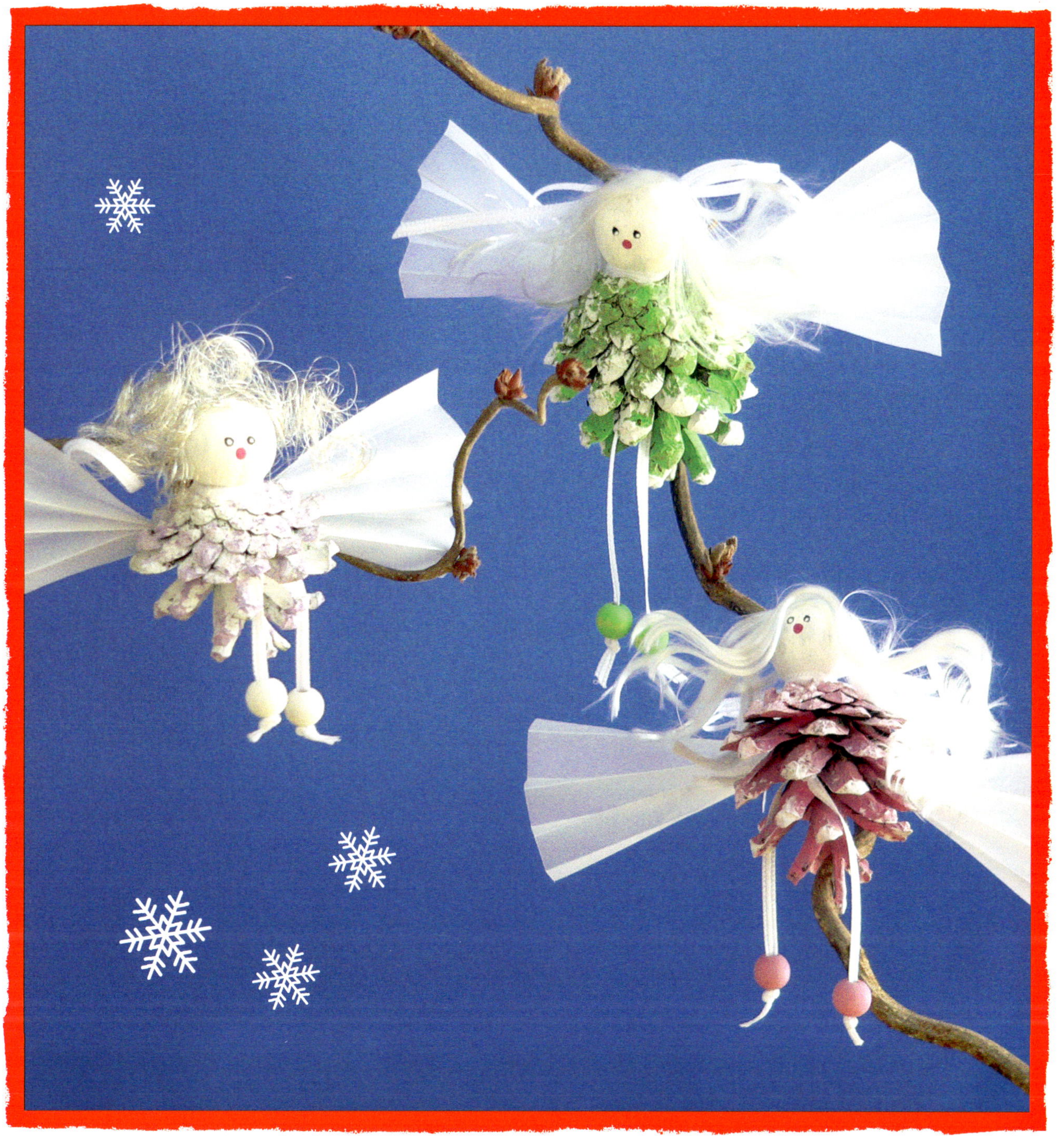

Tipp

Mit Gold- oder Silberfolie anstelle von Transparentpapier wirken die Engel noch festlicher. Schön ist auch eine gemischte Engelsschar.

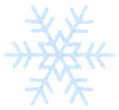

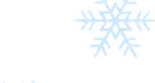

Weihnachtsbär

Material

- Tonkarton in Hellbraun, Rot, Weiß
- Tonpapier in Hautfarbe, Schwarz
- Pauspapier
- Lineal
- Stricknadel
- Filzstift in Schwarz
- Buntstift in Rot
- Deckweiß
- Pinsel
- Schere
- Klebstoff

Vorlage 28
Seite 124

1 Den Körper des Bären auf hellbraunen Tonkarton pausen, das Maul und die Ohrinnenteile auf hautfarbenes, die Nase auf schwarzes Tonpapier, die Mütze und den Schal auf roten, den Pelzbesatz und die Bommel auf weißen Tonkarton. Alle Teile ausschneiden.

2 Die Nase auf das Maul kleben. Anschließend Ohrinnenteile und Maul auf der Vorderseite des Kopfes fixieren. Die Mütze auf der Rückseite anbringen. Pelzbesatz, Bommel und Schal aufkleben.

3 Mit schwarzem Filzstift Mund, Bartstoppeln und Augen malen, mit rotem Buntstift Bäckchen. Etwas Deckweiß als Glanzpunkte auf Augen und Nase malen.

4 Ein Lineal an die auf der Vorlage gestrichelt eingezeichneten Linien legen und mit einer Stricknadel oder Scherenspitze daran entlangfahren. Das untere Teil hochbiegen und die seitlichen Klebelaschen an den Körper kleben.

Tannenwäldchen

Material

- Tonpapier in Blau, Grün, Gelb
- Motivlocher Stern, klein
- Pauspapier
- Lineal
- Bleistift
- Schere
- Klebstoff

1 Aus grünem und blauem Tonpapier je einen Streifen (8 x 42 cm) schneiden.

2 Die Streifen im Zick-Zack (7 cm breit) zur Ziehharmonika falten.

3 Den Tannenbaum nach Vorlage auf die beiden gefalteten Rechtecke übertragen und ausschneiden; an den gestrichelten Linien (Falz) zusammenlassen.

4 Die Tannenbaum-Ziehharmonikas auseinanderfalten.

5 Sterne aus gelbem Tonpapier stanzen oder schneiden und aufkleben.

6 Die beiden Ziehharmonikas etwas versetzt hintereinander aufstellen.

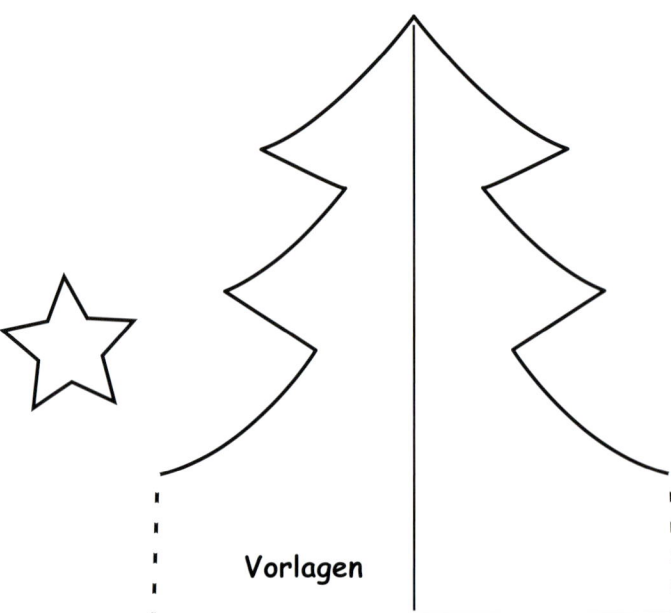

Vorlagen

Wichtelkinder

Material

- Tonkarton in Grün, Blau, Hautfarbe, Rot
- Bast in Braun
- Filzstift in Schwarz, Rot
- Buntstift in Rot
- Pauspapier
- Teelicht
- Deckweiß
- Pinsel
- Schere
- Klebstoff

1 Den Körper auf grünen bzw. blauen Tonkarton, Kopf und Hände auf hautfarbenen, Mütze und Nase auf roten Tonkarton pausen. Alle Teile ausschneiden.

2 Die gestrichelt eingezeichneten Linien in der Körpermitte einschneiden und die Zacken anschließend hochbiegen. Die Spitzen etwas kürzen.

3 Zwei kurze Stücke Bast als Stirnhaare auf das Gesicht kleben. 2–3 längere Baststücke jeweils beidseitig auf der Rückseite fixieren. Anschließend Mütze und Nase aufkleben. Die Augen mit schwarzem, den Mund mit rotem Filzstift und die Bäckchen mit rotem Buntstift aufmalen. Etwas Deckweiß auf die Augen tupfen.

4 Den Kopf auf der Vorderseite, die Hände auf der Rückseite des Körpers fixieren.

5 Ein Teelicht einstecken.

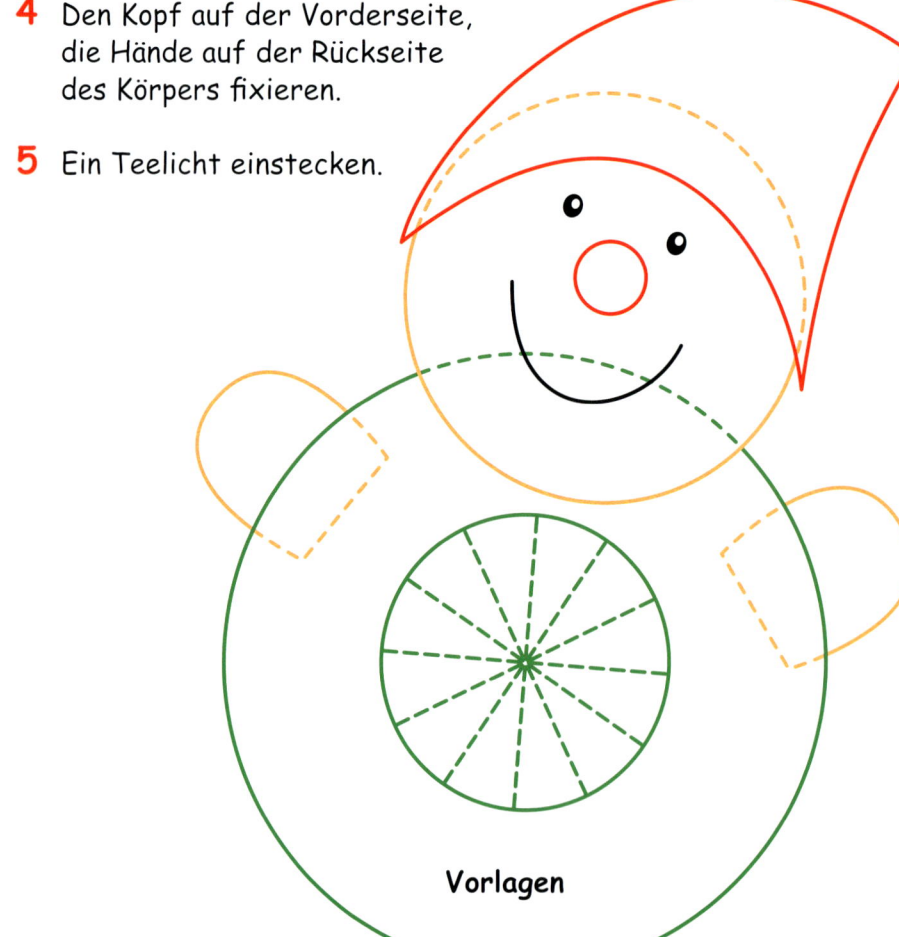

Vorlagen

Pinguinschar

Material

- 6 Toilettenpapierrollen
- 12 kleine Pappschachteln
- Tonpapier in Schwarz, Weiß, Türkis
- Tonkarton in Schwarz, Gelb, Weiß
- Krepppapier in Rot
- Filzstift in Schwarz
- Goldkordel
- Lochzange
- Schere
- Klebstoff
- Pauspapier

1 12 kleine Schachteln (Eisberge) mit kleinen Geschenken füllen und mit weißem Papier einpacken; 12 türkisfarbene Sterne ausschneiden, jeweils auf ein Päckchen kleben und mit einer Ziffer beschriften.

2 Sechs Toilettenpapierrollen halbieren und mit schwarzem Tonpapier in der Größe 16 x 5 cm umkleben. Für jeden Pinguin einen 8 x 16 cm großen Streifen aus rotem Krepppapier zuschneiden und außen an der oberen Kante der Rolle ankleben. Jeweils einen 1 cm breiten Besatz aus Tonpapier fixieren.

3 Schnabel und Füße aus gelbem, Flügel aus schwarzem Tonkarton ausschneiden. Die Flügel an der gestrichelten Linie umknicken. Weiße Augenkreise mit schwarzen Pupillen bemalen. Schnabel, Augen und Flügel ankleben und den Pinguin auf seinen Füßen fixieren.

4 In Kreise aus weißem Tonkarton jeweils ein Loch stanzen und sie mit einer Zahl beschriften. Jeden Kreis auf ein Stück Goldkordel ziehen; jeweils eine kleine Überraschung in den Pinguin stecken und die Mütze oben zubinden.

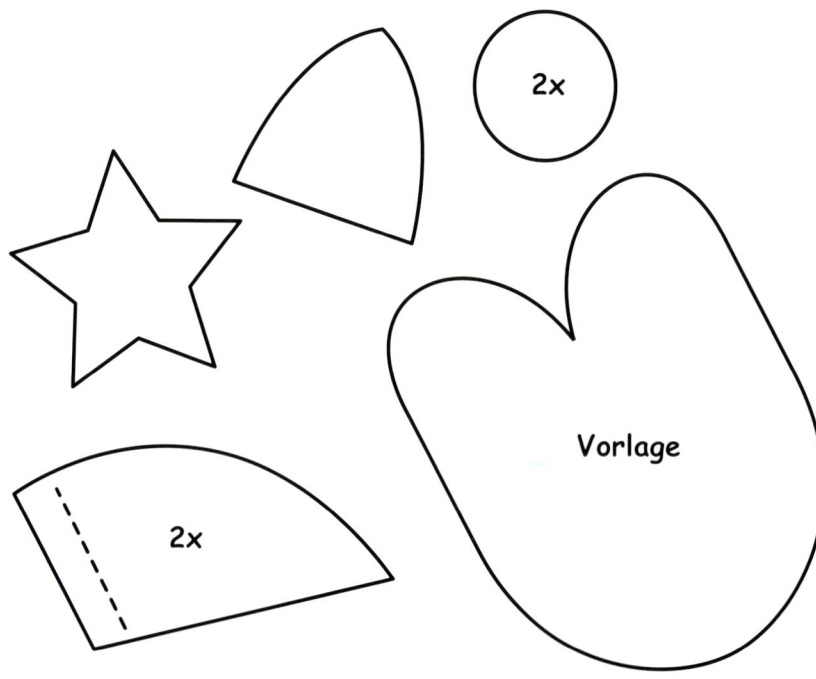

2x

Vorlage

2x

Schneemann

Material

- Tonkarton in Weiß
- Tonpapier in Orange, Hellblau, Dunkelblau
- Wellpappe in Rot
- Pauspapier
- Filzstift in Rot, Schwarz
- Buntstift in Orange
- Deckweiß
- Pinsel
- Lochzange
- Zierkordel in Rot
- Schere
- Klebstoff
- Motivstanze „Schneeflocken"

Vorlage 29
Seite 119

1 Den Körper, den Kopf und die Arme auf weißen Tonkarton, die Nase auf orangefarbenes, die Mütze auf hellblaues, Mützenkrempe und Bommel auf dunkelblaues Tonpapier pausen. Alle Teile ausschneiden.

2 Die Mütze und Nase, dann die Krempe und die Bommel auf den Kopf kleben. Kopf und Arme auf dem Körper fixieren.

3 Mit schwarzem Filzstift Augen und Knöpfe, mit rotem Filzstift den Mund, mit orangefarbenem Buntstift Bäckchen und Linien auf der Möhre malen. Etwas Deckweiß als Glanzpunkte auf die Augen malen.

4 Den Grundschnitt der Schachtel auf die Rückseite von roter Wellpappe übertragen. Die Rillen verlaufen dabei parallel der langen Kanten. Die gestrichelt eingezeichneten Linien etwas anritzen und umknicken. Die Schachtel an den Seiten zusammenkleben.

5 In die Seitenteile der Schachtel oben jeweils ein Loch stanzen, ein Stück Zierkordel anknoten und dem Schneemann die Bauchlade um den Hals hängen. Schneeflocken aus weißem Tonkarton ausstanzen und aufkleben. Wenn gewollt, einen Aufhängefaden an der Mütze anbringen.

Grundanleitung für transparente Fensterbilder

Das Übertragen der Motive
Die Vorlage und den Tonkarton mit Büroklammern aneinander befestigen und ein Kohlepapier dazwischenschieben. Alle Linien mit einem harten Stift nachzeichnen.

Das Ausschneiden
Den Tonkarton auf eine dicke Unterlage (Pappe oder Kunststoff) legen und mit dem Cutter zuerst die Außenkonturen, dann die Innenkonturen ausschneiden. Der Cutter sollte außen immer zu den Ecken oder Spitzen des Motivs hingeführt werden, innen von den Spitzen weg. Rundungen können in mehreren kurzen Absätzen geschnitten werden. Das Papier eventuell in die Schnittführung hineindrehen.

Transparentpapiere zuschneiden und aufkleben
Das Transparentpapier in der gewünschten Farbe über die zu beklebende Innenfläche legen. Mit einem Stift diesen Bereich so großzügig umranden, dass die Schnittkanten etwa in der Mitte der umgebenden Tonkartonstege verlaufen. Das angezeichnete Papierstück entsprechend ausschneiden. Die Tonkartonstege mit wenig Klebstoff einstreichen und das Transparentpapier festkleben.

Fertigstellung
Zum Aufhängen der Fensterbilder nehmen Sie am besten schwarze oder weiße Nähseide oder einen Nylonfaden.

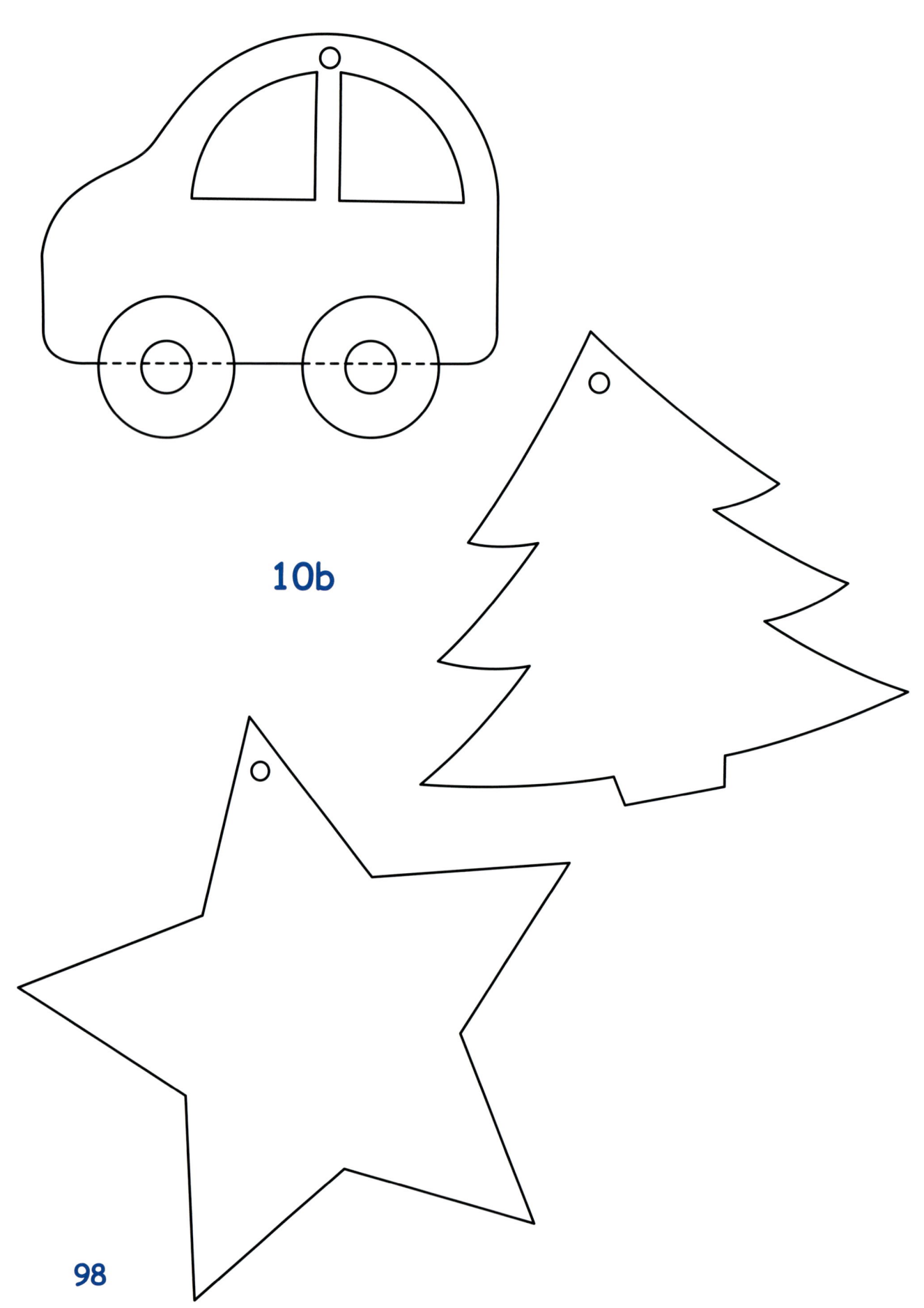

10b

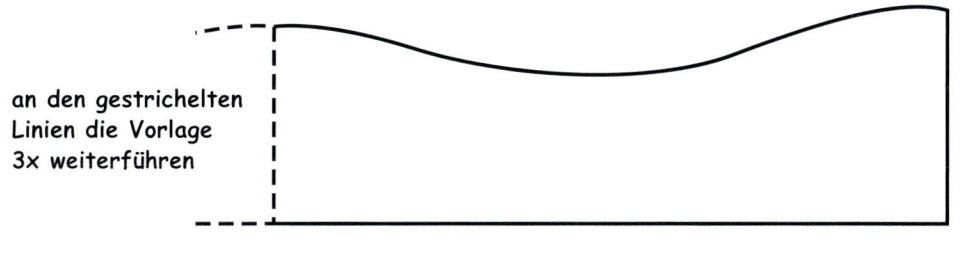

an den gestrichelten
Linien die Vorlage
3x weiterführen

3

4x

insgesamt
8x

an den gestrichelten Linien die Vorlage 3x weiterführen

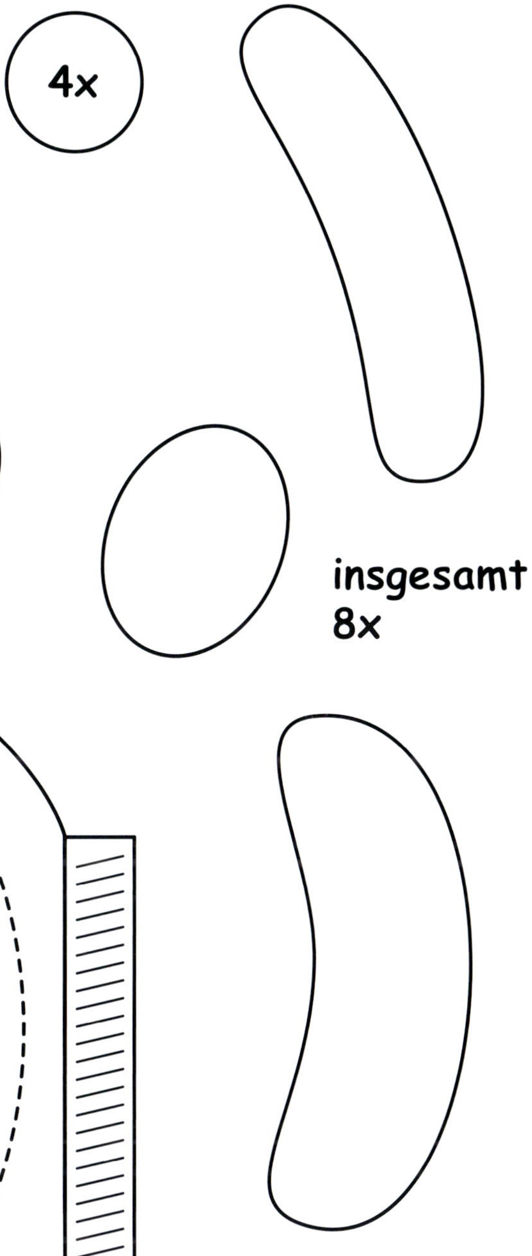

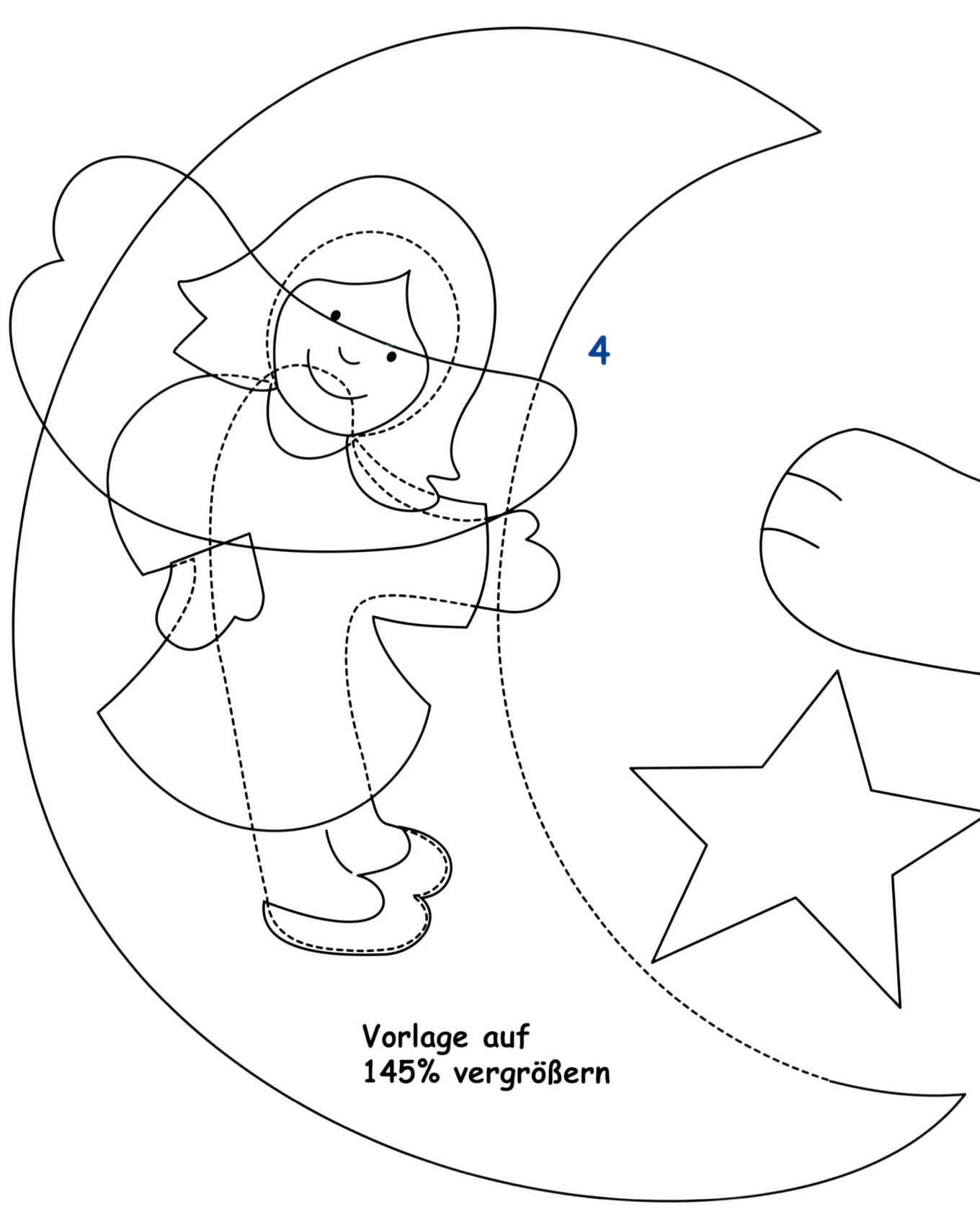

4

Vorlage auf
145% vergrößern

12

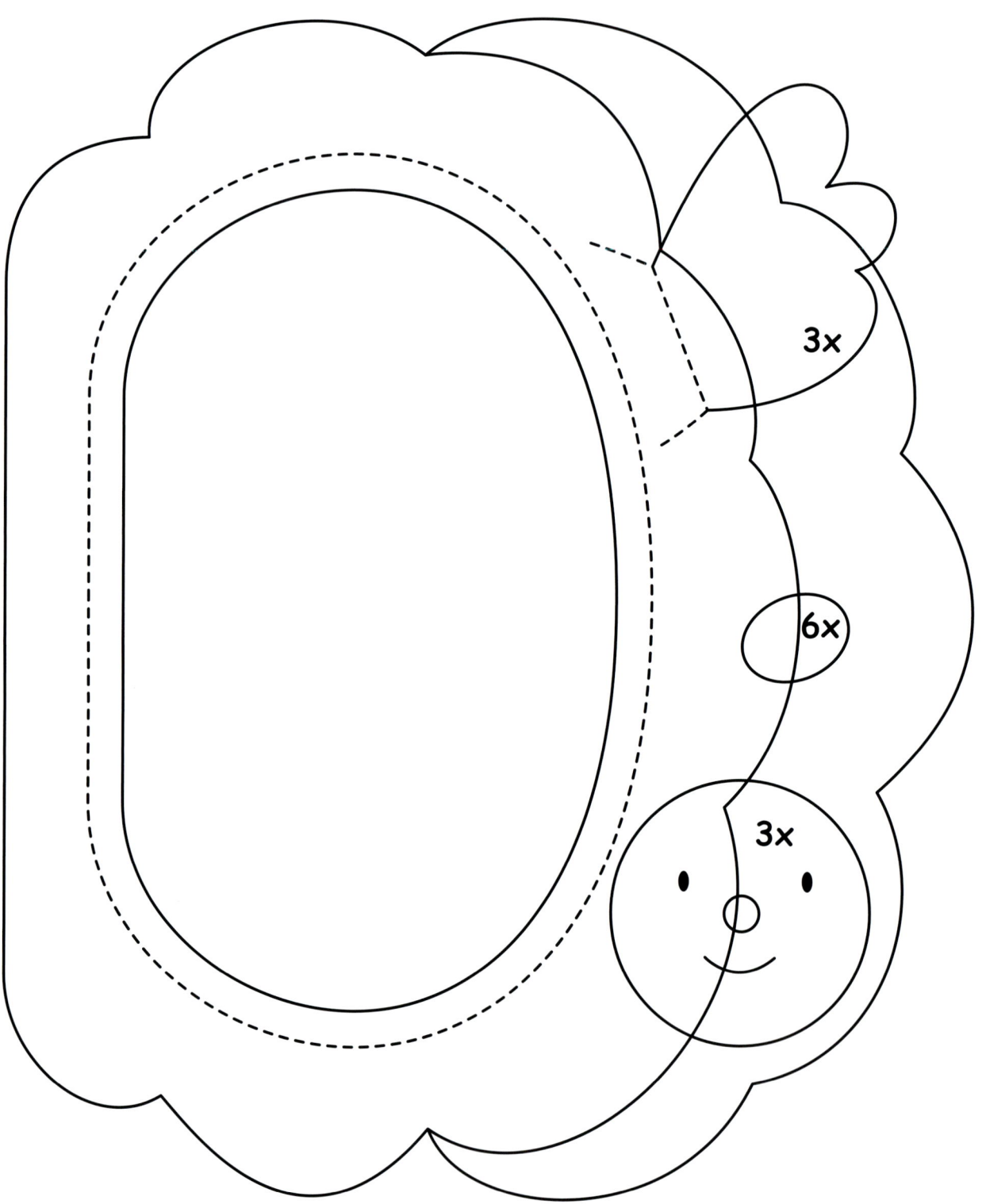

3x

6x

3x

7

103

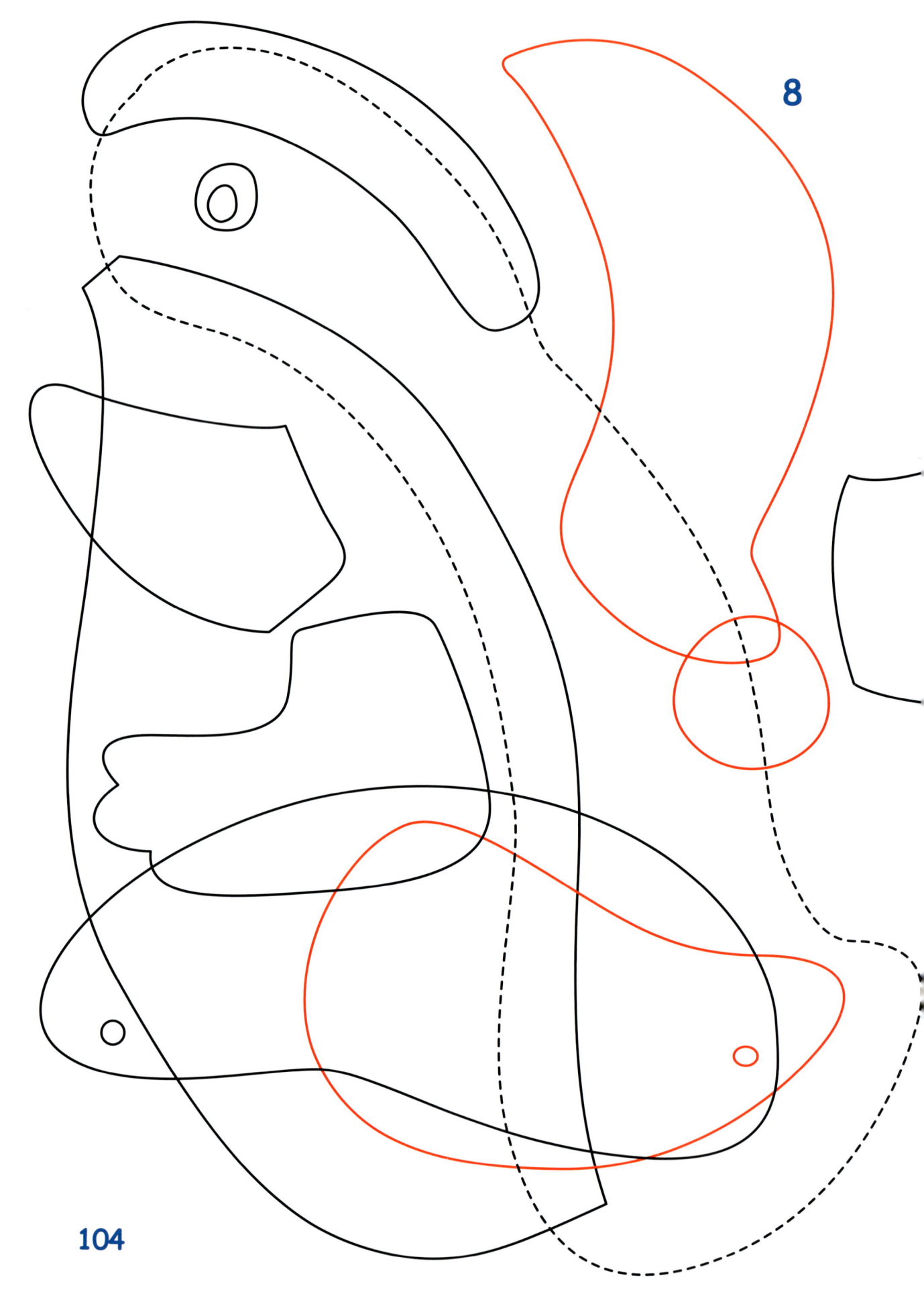

8

104

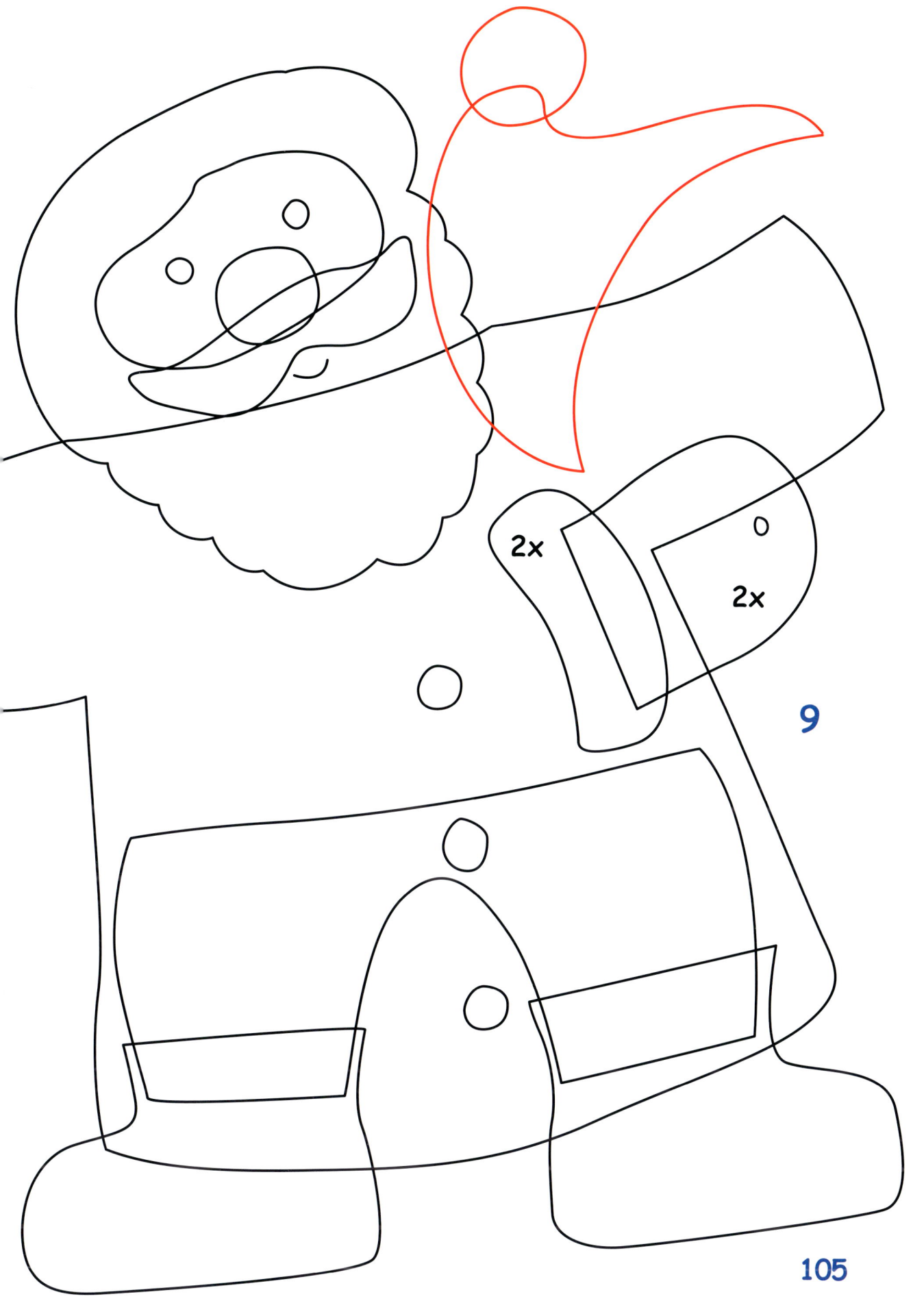

9

13

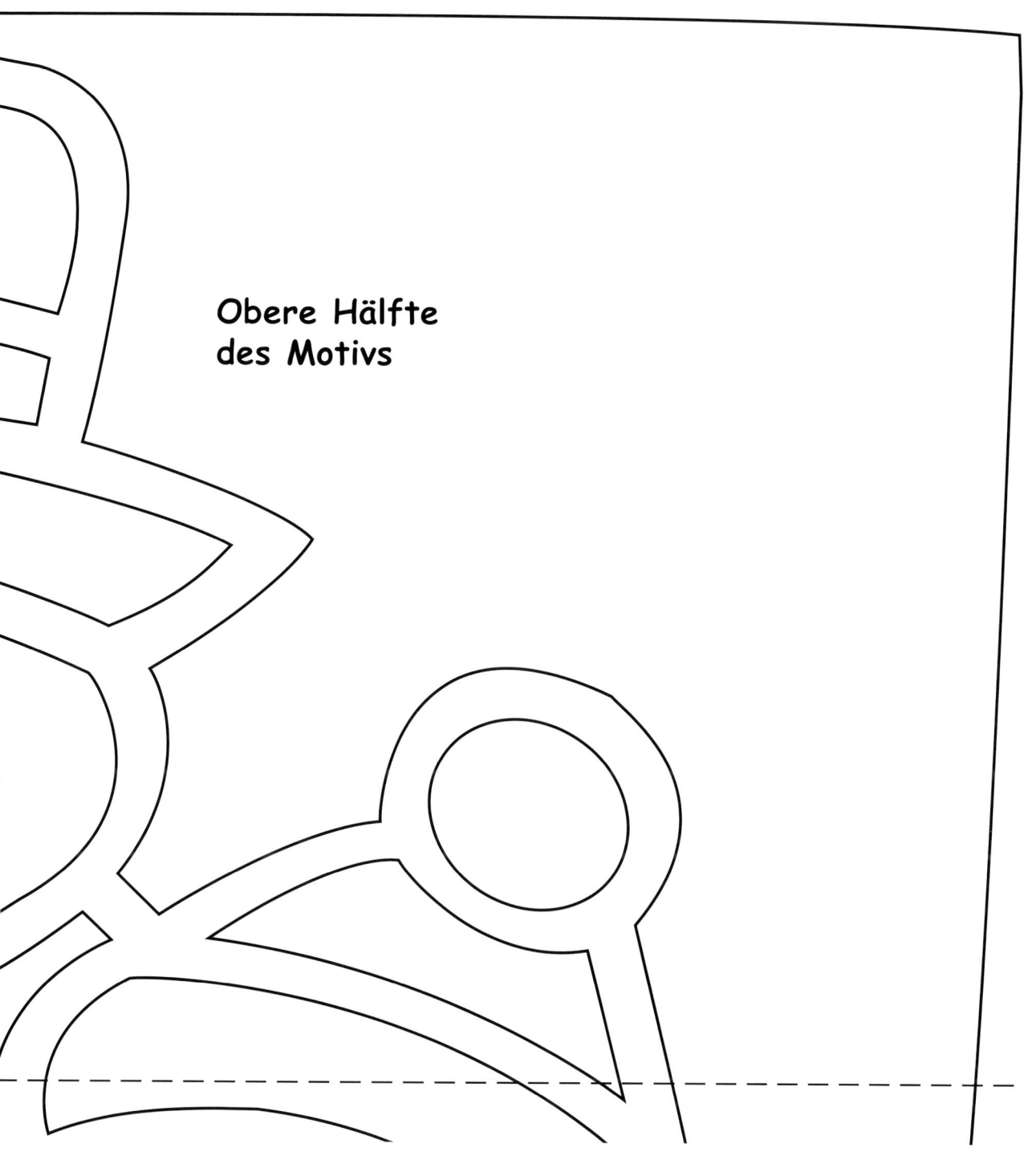

Obere Hälfte
des Motivs

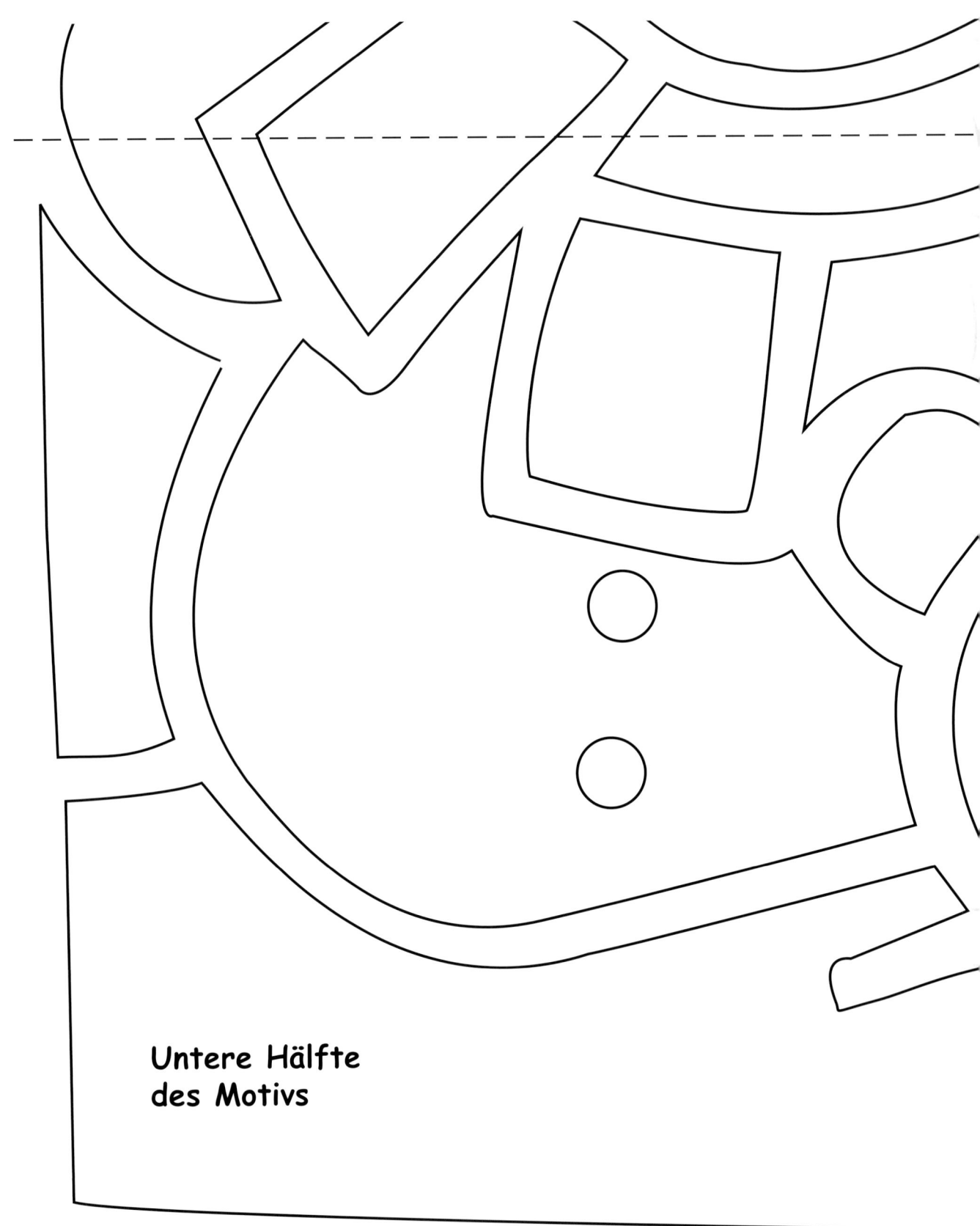

Untere Hälfte
des Motivs

13

22

Vorlage auf
200% vergrößern

2

5

111

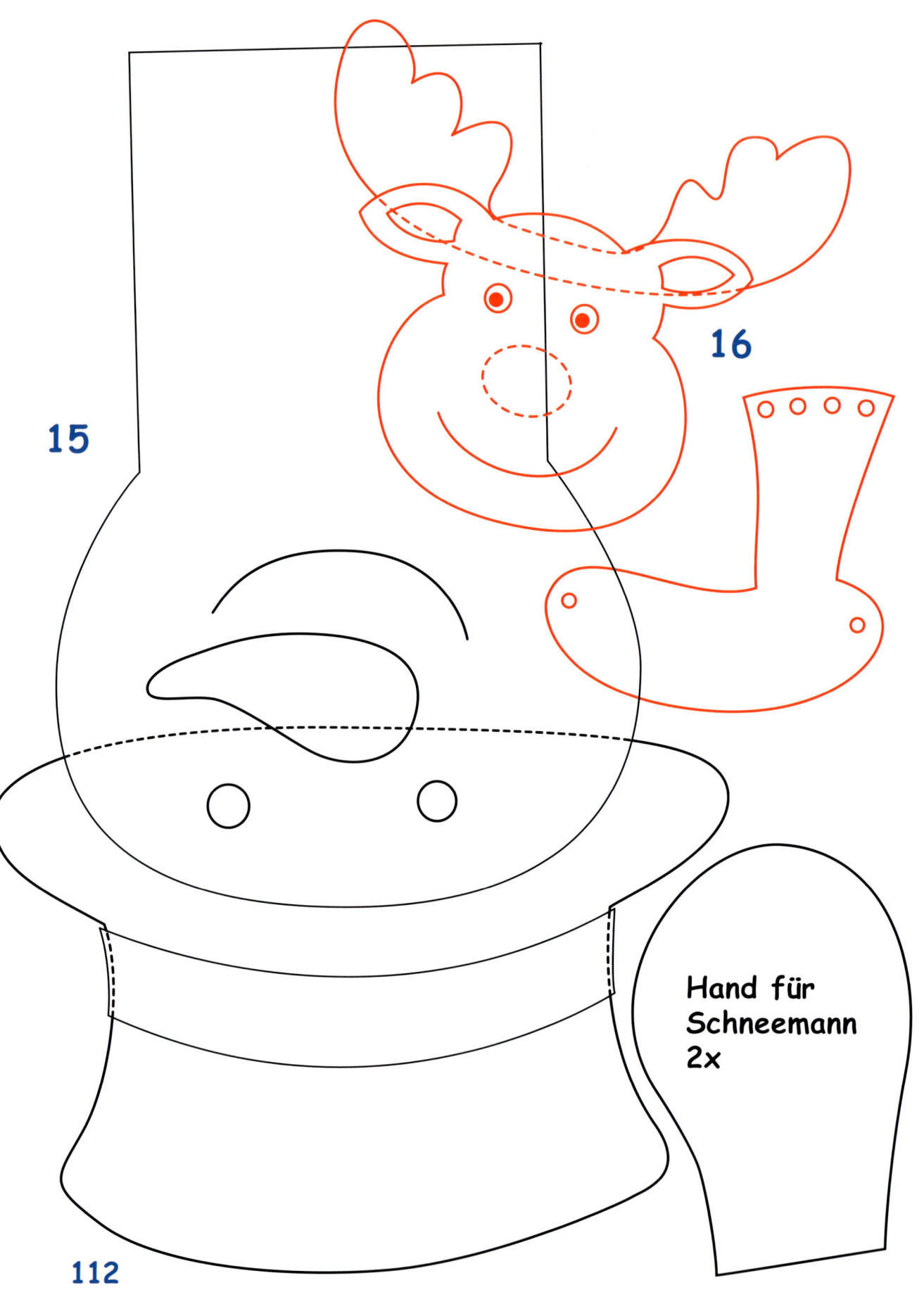

15

16

112

Hand für
Schneemann
2x

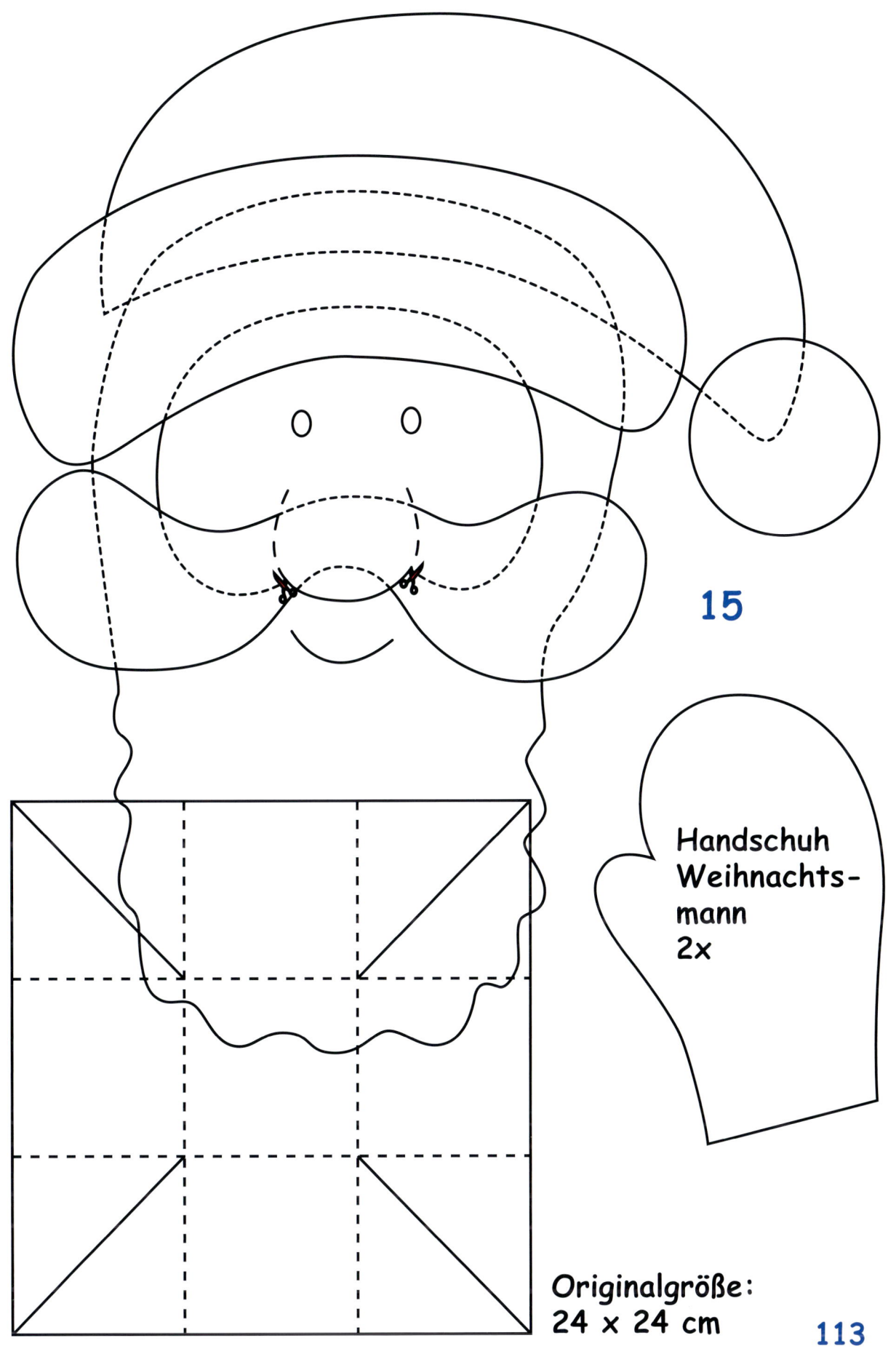

15

Handschuh
Weihnachts-
mann
2x

Originalgröße:
24 x 24 cm

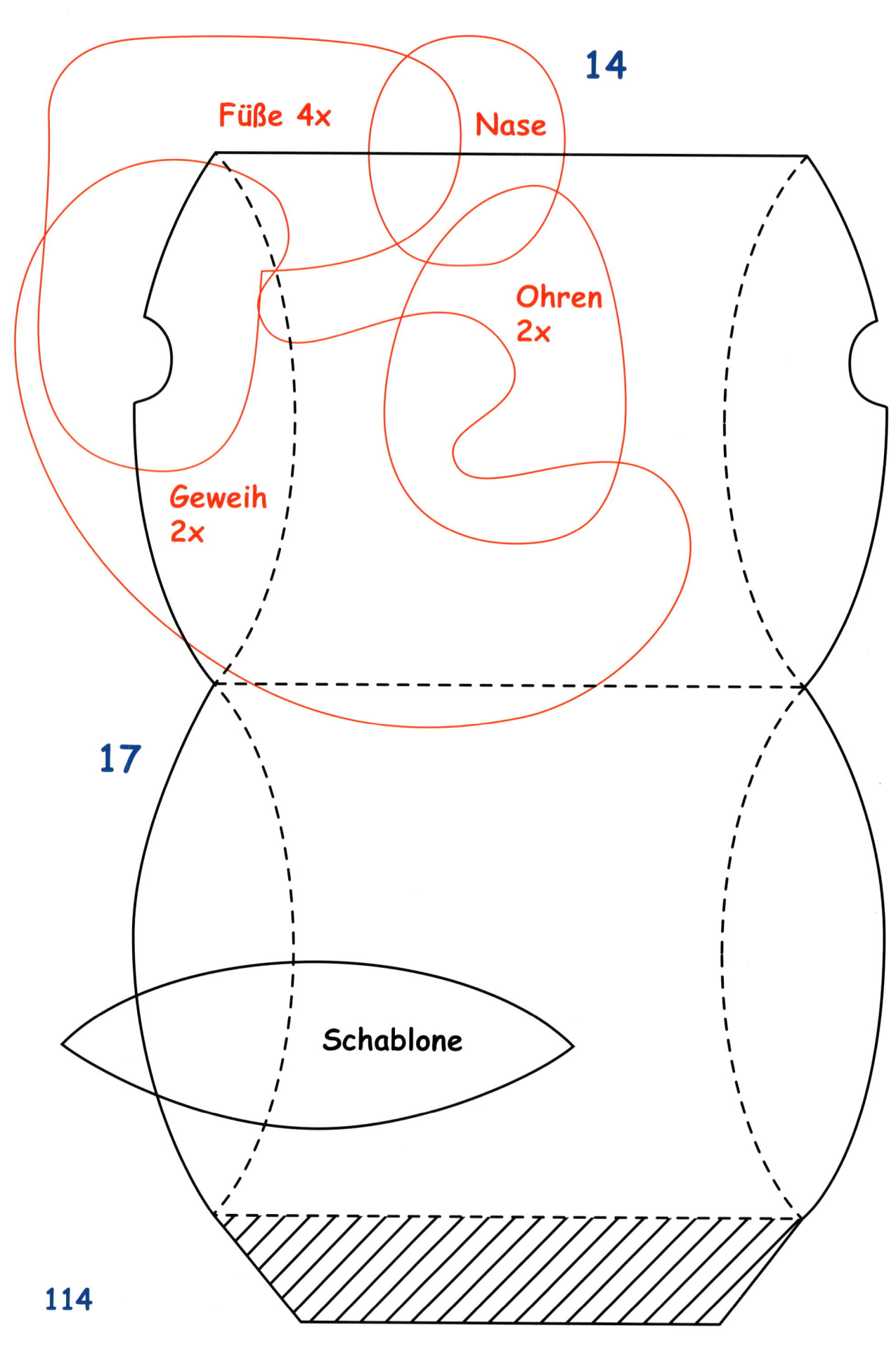

14

Füße 4x

Nase

Ohren 2x

Geweih 2x

17

Schablone

114

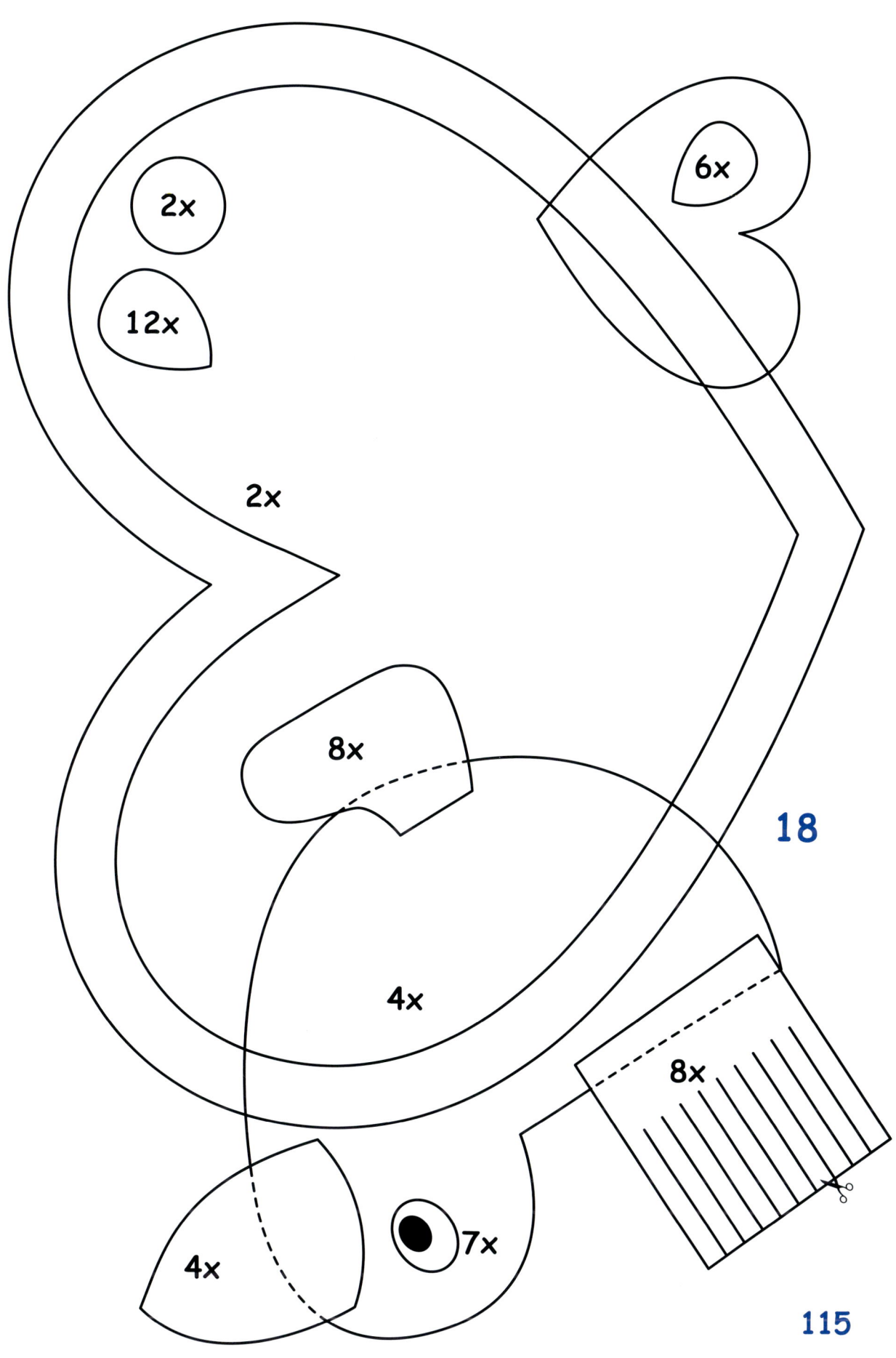

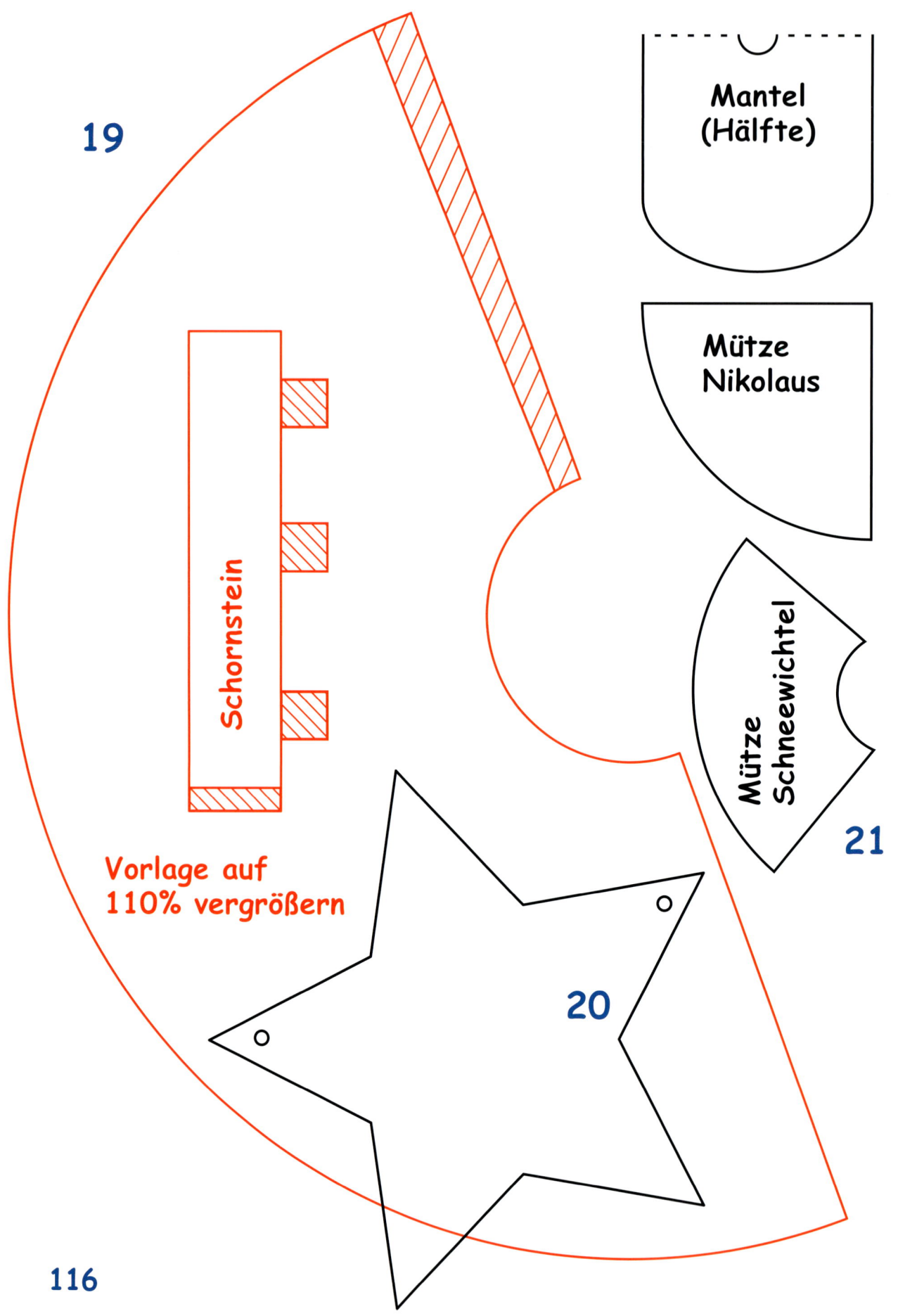

18

19

Schornstein

Vorlage auf
110% vergrößern

Mantel
(Hälfte)

Mütze
Nikolaus

Mütze
Schneewichtel

21

20

116

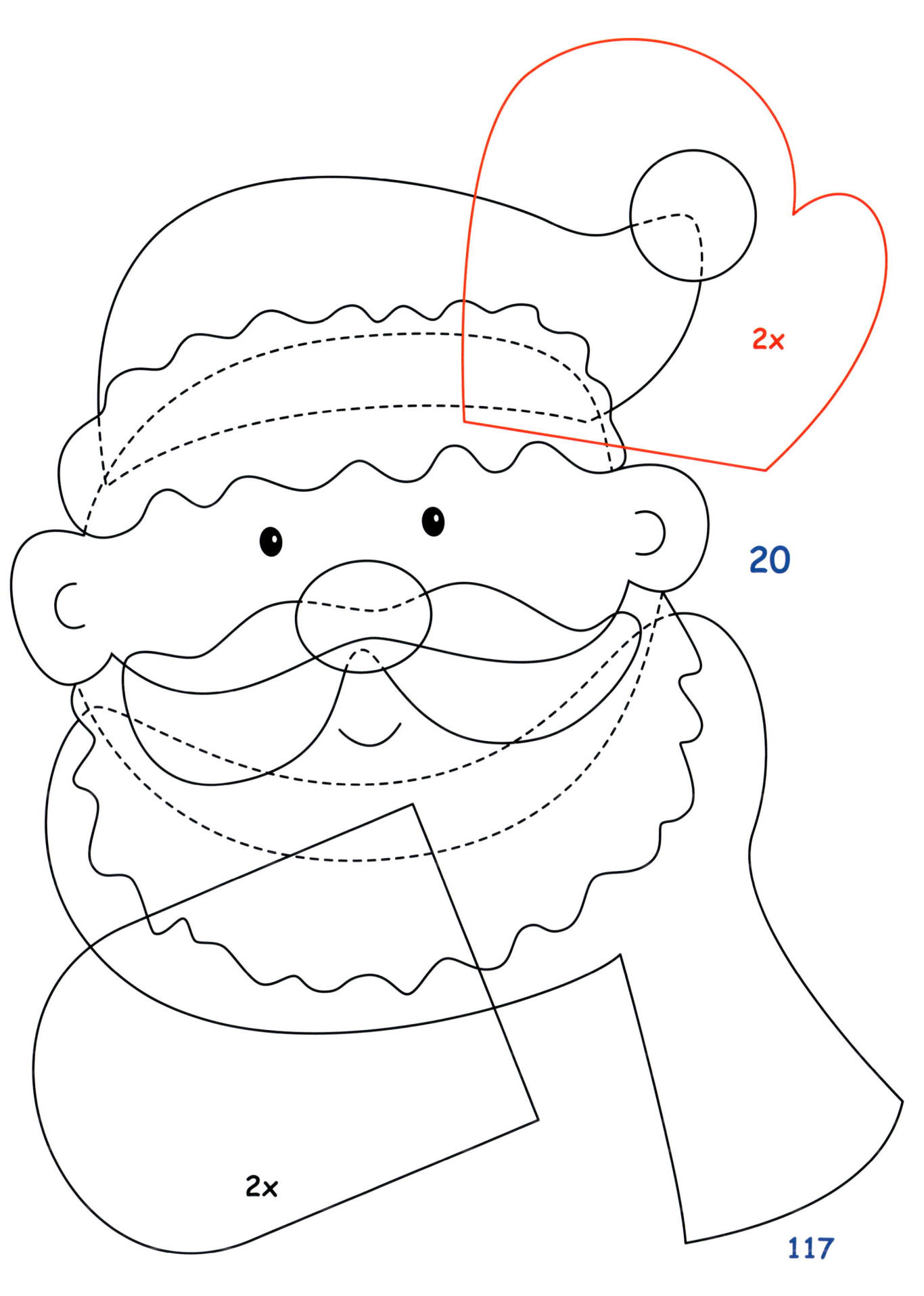

2x

20

2x

117

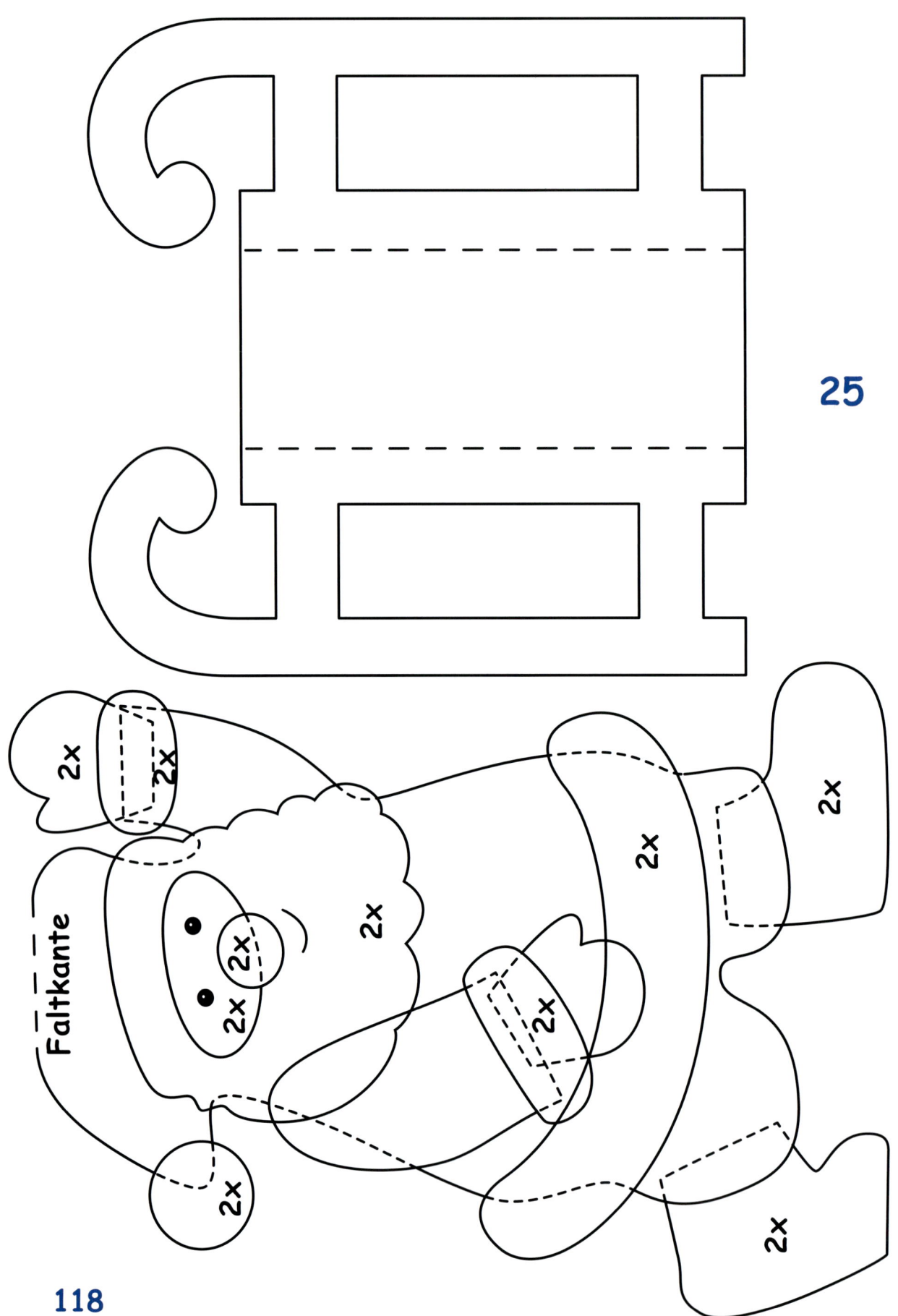

25

Faltkante

2x
2x
2x
2x
2x
2x
2x
2x
2x
2x

118

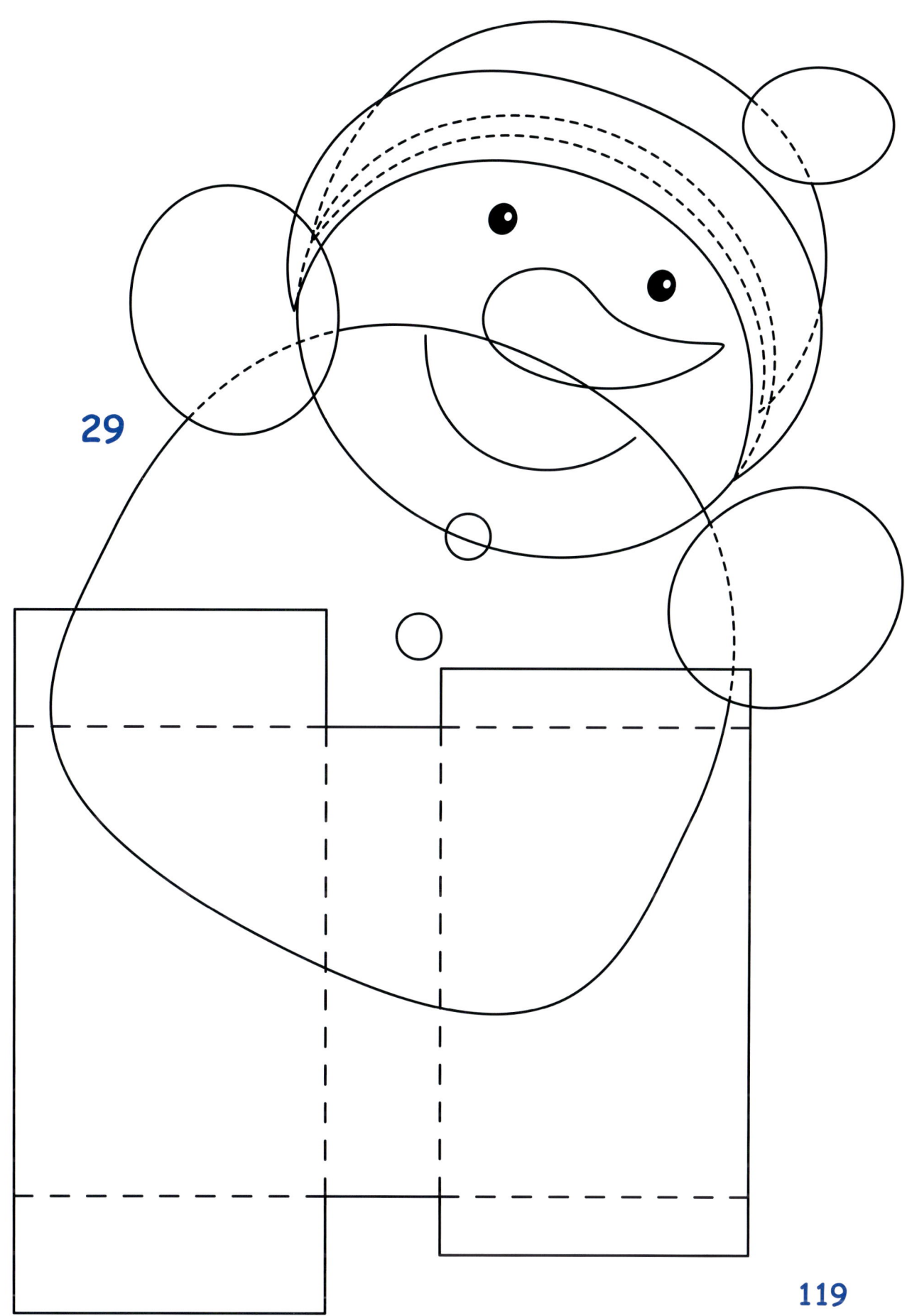

29

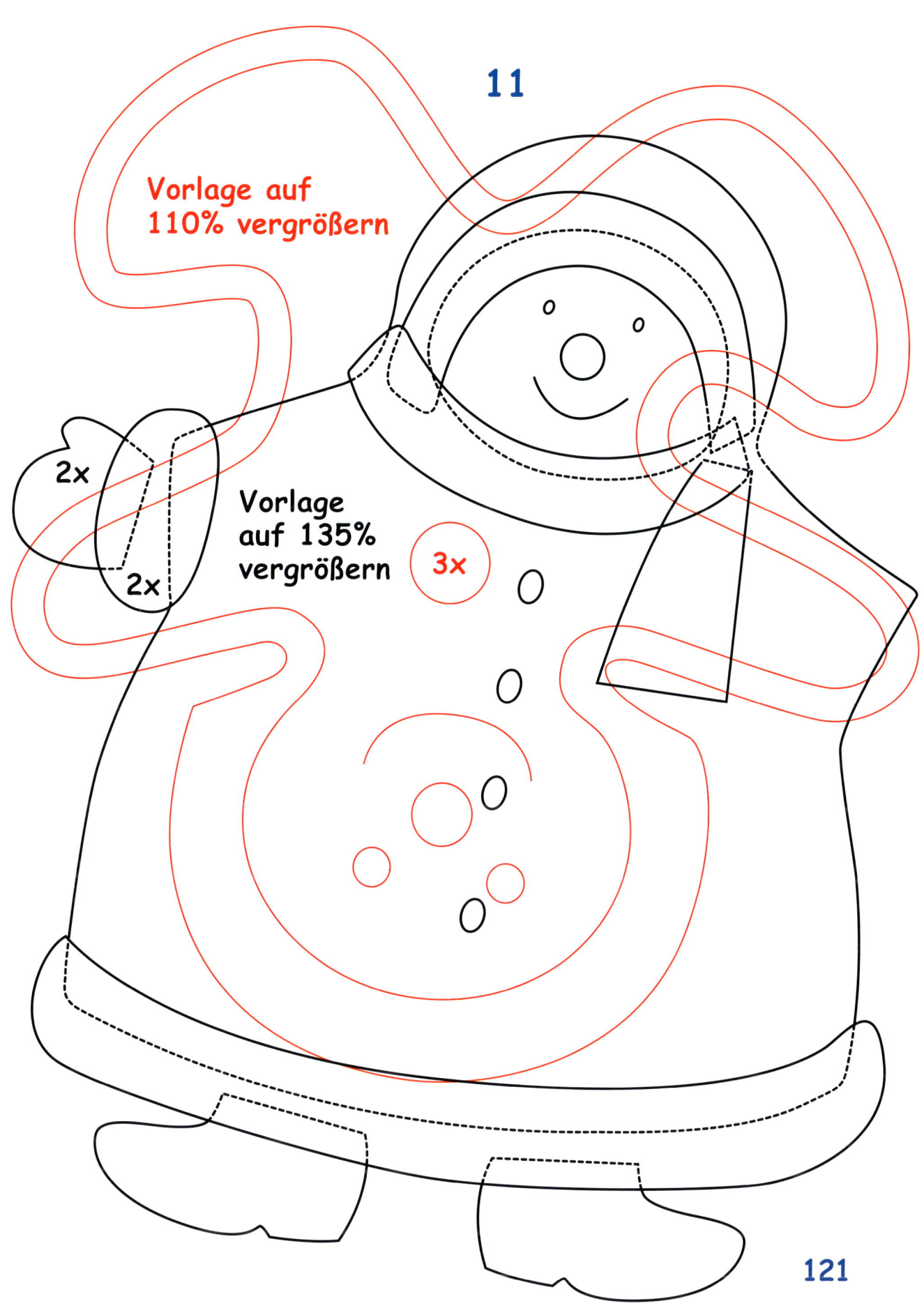

Vorlage auf 110% vergrößern

11

2x

2x

Vorlage auf 135% vergrößern

3x

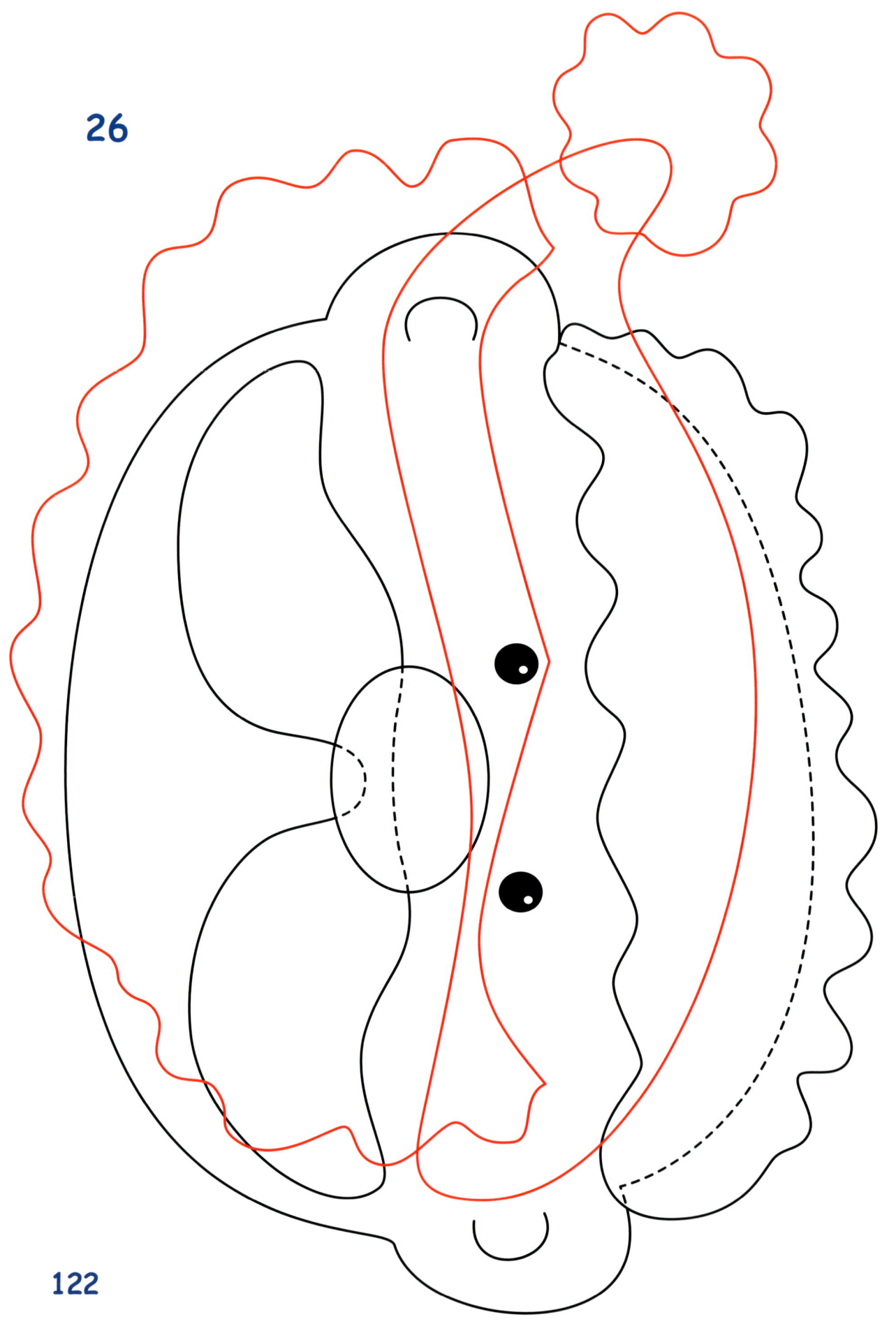

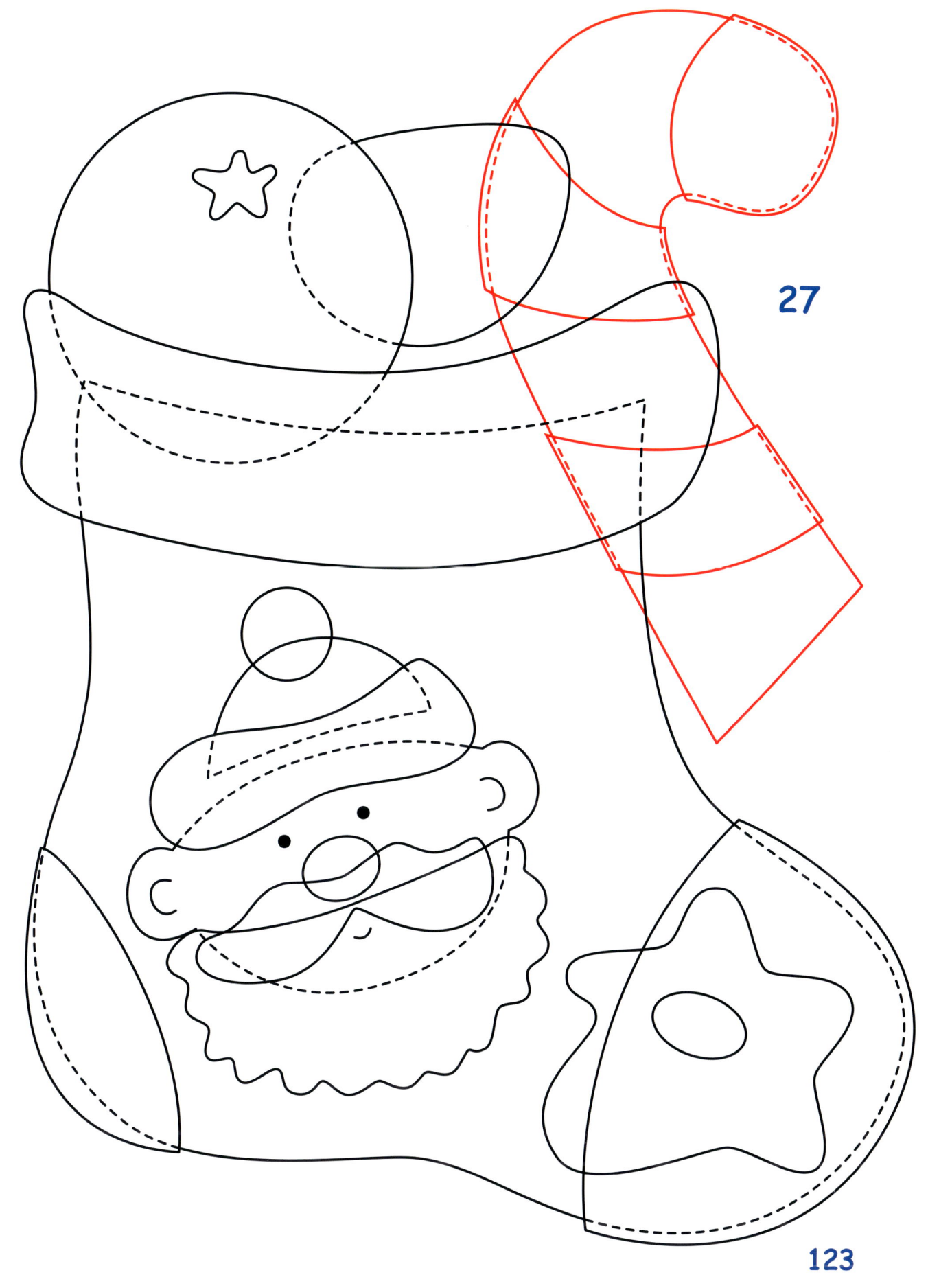

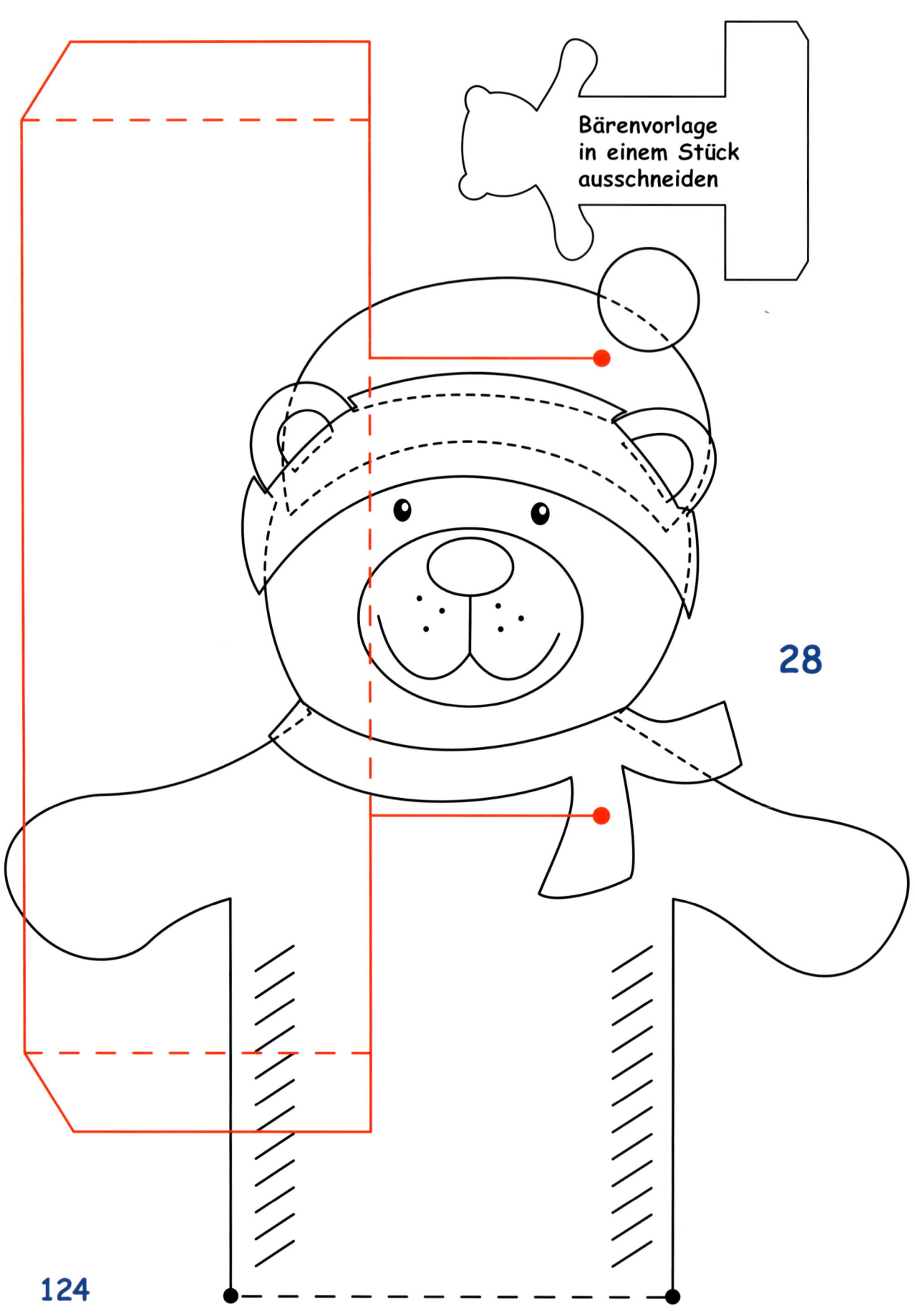

Bärenvorlage
in einem Stück
ausschneiden

28

124